Bienvenue aux Canaries

Arriver aux îles Canaries 3
Les immanquables 4
Nos coups de cœur 6
Tenerife en 3 jours 8
Les Canaries orientales en 5 jours 10

Tenerife, La Laguna, rue San Juan avec la Cathédrale de Notre-Dame de los Remedios en arrière-plan.
R. Soberka/hemis.fr

RES

Arriver aux îles Canaries

Toutes les îles sauf La Gomera et El Hierro disposent d'un aéroport international (Arrecife à Lanzarote, Puerto del Rosario à Fuerteventura, Santa Cruz à La Palma). Mais ceux de **Tenerife** (Nord et Sud) et de **Gran Canaria** sont les plus importants. Vous y trouverez distributeurs de billets, bureaux de tabac, les principales agences de location de voitures et des points d'info touristique (carte de l'île et plans des principales villes).
Les stations de **taxis** et les arrêts des **bus** desservant les principales localités sont situés à la sortie des terminaux (les billets s'achètent à bord).

L'ÎLE DE TENERIFE

L'île compte 2 aéroports internationaux (***Plan détachable***).

Aeropuerto Los Rodeos - Tenerife Norte (TFN)

E1 – À 11 km au nord-ouest de Santa Cruz de Tenerife, le chef-lieu de l'île, par l'autopista TF-5.
Bus – Liaisons régulières directes de/vers Santa Cruz (n° 107 - 2,65 €), Puerto de la Cruz (n° 102 - 4,75 €) et Los Cristianos (n° 343 - 13,55 €).
Taxi – Comptez env. 28 € pour Santa Cruz, 15 € pour La Laguna, 40 € pour Puerto de la Cruz, 82 € pour l'aéroport Tenerife Sur - ✆ 922 25 55 55.

Aeropuerto Reina Sofía - Tenerife Sur (TFS)

D3 – À 15 km à l'est de Los Cristianos, la grande station balnéaire du sud de l'île, et à env. 60 km au sud-ouest de Santa Cruz par l'autopista TF-1.
Bus – Liaisons régulières directes de/vers Los Cristianos (nos 111 et 343 - 3,10 €), Santa Cruz (n° 111 pour l'intercambiador d'où vous prendrez un autre bus pour le centre-ville - 9,35 €) et Puerto de la Cruz (n° 343 - 13,55 €).
Taxi – Comptez env. 25 € pour les stations balnéaires, env. 50 € pour Santa Cruz et env. 72 € pour Puerto de la Cruz - ✆ 922 39 70 74/74 75.

L'ÎLE DE GRAN CANARIA

Aeropuerto Las Palmas de Gran Canaria (LPA)

I2 – À env. 20 km au sud de Las Palmas de Gran Canaria.
Bus – Liaisons régulières directes de/vers Las Palmas (n° 60 - 2,95 €) et Maspalomas (n° 66 -4,05 €).
Taxi – Comptez 23,55 € pour le Parque San Telmo et 31,04 € pour le Parque Santa Catalina (3-4 € de plus en tarif de nuit).

Avion ou bateau ?
Pour un court séjour, l'avion s'impose. Il faut en effet 1 à 2 jours de voyage en ferry entre la péninsule Ibérique et les Canaries (l'archipel se trouve à la latitude de Tarfaya, au sud du Maroc).

Grande Canarie, port de Mogan, phare et voilier.
J. Sierpinski/hemis.fr

Les immanquables

notre sélection des plus beaux sites

GRAN CANARIA

Las Cañadas et le Pico del Teide★★★

P. 24

LA PALMA

Caldera de Taburiente★★★

P. 58

GRAN CANARIA

Pozo de las Nieves★★★

P. 39

LANZAROTE

Parque de Timanfaya★★★

P. 46

LANZAROTE

Cueva de los Verdes★★★

P. 50

TENERIFE

Jardín de Aclimatación de La Orotava★★★ P. 26

LANZAROTE

La Geria★★

P. 47

LA GOMERA

Parque Nacional de Garajonay★★

P. 66

EL HIERRO

El Golfo★★

P. 68

Nos coups de cœur

Gourmandises gomeriennes. Au Mercado Municipal de San Sebastián (La Gomera), faites provision de *mojos* ou d'*almogrote* à tartiner, et d'une poignée de fruits tropicaux : pour un pique-nique 100 % canarien à partager sur la playa de la Cueva. *Voir p. 87 et p. 66.*

Tombants, orques et baleines. Embarquez pour une virée en mer vers Acantilado de Los Gigantes (Tenerife), ces noires falaises de 400 m chutant dans l'eau bleue, au pied desquelles s'ébattent orques et baleines. *Voir p. 30.*

K. Kozlowski/age fotostock

Santa Cruz de La Palma, pendant le carnaval.

La tête dans les étoiles. À 2 426 m d'altitude, au Roque de Los Muchachos, regardez La Palma d'en haut et partez à la découverte d'un autre univers : les télescopes géants de l'Institut d'Astrophysique des Canaries, qui ouvre son observatoire aux visiteurs. *Voir p. 58.*

Émotion musicale à l'état pur. Un *Ave Maria* dans les tubulures volcaniques de la Cueva de los Verdes, quelques *staccati* de jazz aux Jameos del Agua (Lanzarote) : la musique change de dimension et prend l'âme dans les entrailles de la terre. Une expérience acoustique à ne surtout pas manquer. *Voir p. 89.*

Secrets de laurisylve. Prenez un grand bol de vert et d'air frais dans le parc national de Garajonay (La Gomera) : ses forêts où s'accrochent des écharpes de brume remontent à l'âge tertiaire et vous feront plonger dans une ambiance mystère et Brocéliande. *Voir p. 66 et p. 128.*

Lanzarote en esthète. Vous les verrez en photographie à La Geria (Lanzarote), vous en goûterez le fruit en amateur éclairé dans ses *bodegas* : ces vignes d'un vert acide que rehausse le gris des cendres volcaniques produisent un rafraîchissant malvoisie blanc lanzareño dont se délecte le palais. *Voir p. 47 et 86.*

F. J. Fdez. Bordonada/age fotostock

La Geria, Lanzarote.

Soirée intimiste. Le crépuscule venu, au son du *timple* (petite guitare), réchauffez-vous d'un *ron* de Arehucas, ce rhum toujours produit dans l'île de Gran Canaria et que vous irez acheter directement à la distillerie d'Arucas. *Voir p. 84.*

Plaisir des yeux et bonheur des papilles. Prenez de la hauteur pour vous mettre en appétit, choisissez votre mirador et, le regard perdu à l'horizon, faites honneur aux traditions gastronomiques canariennes en savourant une assiette de *papas arrugadas*, un chorizo de Teror ou un fromage de chèvre fumé. Quel mirador ? Il n'y a que l'embarras du choix, et sur chaque île ! *Voir p. 136.*

Là-bas, plus loin encore. Flânez au hasard des ruelles, sur les hauteurs de Santa Cruz de La Palma, vers l'une ou l'autre de ses délicieuses placettes ombragées. À la terrasse d'un bistro, commandez une *arepa* (galette de maïs), une *cachapa* (crêpe fourrée) ou un *pabellón criollo* (assiette composée) : vous n'êtes plus à La Palma, mais déjà au Venezuela. *Voir p. 56 et p. 81.*

Tenerife en 3 jours

PREMIER JOUR

▶ *Matin*
Découvrez le visage ultra-contemporain de **Santa Cruz★** *(p. 16)*, la capitale *chicharera*, sur la plaza de España, et ses atours coloniaux dans les ruelles piétonnes du centre historique. Faites un détour par le **marché de la Recova** *(p. 44)* pour y faire emplette de chorizo, de fromage de chèvre *curado* et de mangues.

▶ *Midi*
En fin de matinée, prenez la route du Teide : vous pique-niquerez dans les pinèdes bordant **la route de La Esperanza★** *(p. 23)*.

▶ *Après-midi*
Après une pause-panorama aux différents belvédères jalonnant la route de La Esperanza, rejoignez le **téléphérique du Teide** *(p. 24)* pour faire l'ascension du plus haut sommet d'Espagne.

▶ *Soir*
Prévoyez une balade dans les paysages lunaires des **Cañadas★★★** *(p. 24)*, qui prennent des couleurs spectaculaires au soleil couchant. Soirée sous les étoiles et nuit au

Otto/Mauritius images/age fotostock

Le fameux dragonnier de Icod de los Vinos.

Parador *(p. 95)*, l'unique hébergement proposé dans le parc naturel.

DEUXIÈME JOUR

▶ ***Matin***

Redescendez vers la côte sud et, à l'**Acantilado de Los Gigantes★** *(p. 30)*, prenez un bateau pour contempler les falaises de basalte depuis la mer. Traversez les champs de lave et engagez-vous dans la **vallée d'El Palmar★★** *(p. 30)*, par laquelle vous rejoindrez la charmante **Garachico** *(p. 30)*, puis **Icod de los Vinos★** *(p. 28)* et son vénérable dragonnier.

▶ ***Midi***

À **Puerto de la Cruz★** *(p. 26)*, flânez sur le front de mer jusqu'à trouver la terrasse idéale où vous vous attablerez devant la pêche du jour.

▶ ***Après-midi***

Un peu de farniente-baignade au **lago Martiánez★** *(p. 27)* et vous serez d'attaque pour les jungles du **jardin d'acclimatation de La Orotava★★★** *(p. 26)*. Filez ensuite vers le village du même nom, dont les balcons sont devenus l'un des emblèmes de l'île.

▶ ***Soir***

Rentrez sur Santa Cruz, où vous assisterez à un spectacle au **Centro Cultural El Tanque** *(p. 88)* ou au **TEA** *(p. 88)*.

TROISIÈME JOUR

▶ ***Matin***

Prenez la route de **La Laguna★** *(p. 20)* pour une visite guidée du centre historique, une découverte de ses demeures anciennes, de ses vieux palais et de son marché aux fleurs.

▶ ***Midi***

Poussez jusqu'à **El Sauzal** *(p. 83)* pour apprendre à reconnaître les vins et les miels de l'île, et revenez vers **Tacoronte** *(p. 74)* à l'heure du déjeuner.

▶ ***Après-midi***

Si vous n'avez pas le temps d'inscrire La Gomera à votre programme, n'hésitez pas : rejoignez la pointe nord-est de l'île, encore peu visitée, pour explorer la forêt brumeuse du **Monte de Las Mercedes★★** *(p. 24)*. Revenez à Santa Cruz par le **Mirador del Pico del Inglés★★** *(p. 26)* et la **Punta de Anaga** pour un dernier coup d'œil spectaculaire sur l'île, et par la plage de **Las Teresitas** *(p. 20)* pour un ultime bain de mer.

▶ ***Soir***

Pour finir sur une note d'exception votre séjour sur l'île de Tenerife, allez voir un ballet ou écouter une symphonie à l'**auditorium★** *(p. 20 et p. 88)* dessiné par Santiago Calatrava.

Avec 1 ou 2 jours de plus

D'un coup de ferry, mettez le cap sur San Sebastián de La Gomera (env. 1h de traversée depuis Los Cristianos) : amateurs de forêts, le parc national de Garajonay vous fera l'effet d'un véritable bout de paradis vert.
Plus lointaine, La Palma (3h de mer ou 1h de vol) aura vos faveurs si vous avez l'esprit aventureux et sportif : spéléologie en tube volcanique, rappel sur la falaise, randonnées dans la caldera de Taburiente.

Les Canaries orientales en 5 jours

À moins de passer votre week-end sur le bateau, vous ne pourrez pas découvrir les sept îles de l'archipel en quelques jours. Gran Canaria, les horizons volcaniques de Lanzarote et les plages sahariennes de Fuerteventura vous en offriront un panorama contrasté.

PREMIER JOUR

Matin

Partez sur les traces du passé canarien dans le quartier ancien de Las Palmas, **Vegueta**★ *(p. 32)*. En fin de matinée, prenez la route du centre de l'île et faites une halte botanique au **Jardín Canario**★ *(p. 38)*. Après un stop photo au **mirador de Bandama**★★ *(p. 38)*, vous irez déjeuner non loin, à **Monte Lentiscal** *(p. 75)*.

Après-midi

Enfilez les lacets de la route GC 15 jusqu'au mirador de **Cruz de Tejeda**★★ *(p. 39)* pour un panorama époustouflant sur les pointes de lave des necks. Redescendez vers **Arucas** *(p. 40)* et faites une halte shopping à sa distillerie. Rejoignez ensuite la côte nord pour poursuivre plein ouest, à la rencontre des Guanches et de leur civilisation mystérieuse.

Soir

Prévoyez une soirée tranquille dans la blanche **Agaete** *(p. 42)*, avec flânerie décontractée sur le petit port de pêche de **Puerto de las Nieves** *(p. 42)*.

DEUXIÈME JOUR

Matin

On the road again, suivez la route côtière, spectaculaire avec ses échappées sur l'Océan et ses vues plongeant au fond des vertigineuses *barrancas*. Reprenez votre souffle et faites le plein d'iode à **Puerto de Mogán**★ *(p. 42)*, en allant vous dégourdir les jambes sur son pittoresque port de plaisance.

Midi

Déployez la nappe à **Maspalomas** pour un pique-nique dans les **dunes**★ *(p. 42)*.

Après-midi

Plutôt que de poursuivre par la côtière, remontez le **Barranco de Fataga**★ *(p. 43)*, bien plus photogénique. Arrêtez-vous à **Telde** *(p. 43)*, l'ancienne capitale des Guanches aux jolies ruelles, avant de rentrer à Las Palmas de Gran Canaria.

Soir

Passez le début de soirée au **Muelle Deportivo** *(p. 80)*, très animé, puis,

Pour changer d'île

Si les liaisons sont fréquentes et rapides entre Gran Canaria et Fuerteventura ou Fuerteventura et Lanzarote, il n'en va pas de même pour en relier les extrêmes : prenez l'avion. Attention, durant la semaine sainte ou le Carnaval, les places sont rares : réservez !

selon la programmation, allez voir un spectacle à l'**Auditorio Alfredo Kraus** ou au **Teatro Pérez Galdós** *(p. 88)*.

TROISIÈME JOUR

▶ *Matin*
Envolez-vous pour Lanzarote. Prenez le pouls de la ville autour du **Charco de San Ginés** *(p. 44)*, qui regorge de restaurants populaires.

▶ *Après-midi*
Retrouvez les créations de **César Manrique** *(p. 47)* éparpillées dans le nord de l'île : mirador aménagé dans la falaise, tubes volcaniques revisités, jardin de cactus, elles sont toutes étonnantes.

▶ *Soir*
S'il y a un concert aux **Jameos del Agua** ou à la **Cueva de los Verdes** *(p. 89)*, allez-y sans hésiter !

QUATRIÈME JOUR

▶ *Matin*
En route pour le **parque de Timanfaya**★★★ *(p. 46)*, must de Lanzarote avec son impressionnant chaos de lave, puis direction les vignobles de **La Geria**★★ *(p. 47)*.

▶ *Midi*
Déjeunez à **Puerto del Carmen** ou à **Puerto Calero** *(p. 76)*.

▶ *Après-midi*
À **Playa Blanca** *(p. 51)* et embarquez sur le ferry pour Fuerteventura.

▶ *Soir*
Dînez à **Corralejo** *(p. 78)* avant de rallier le village de pêcheurs d'**El Cotillo** *(p. 98)* pour la nuit.

P. Canali/Sime/Photononstop

Une plage, à Lanzarote.

CINQUIÈME JOUR

▶ *Matin*
Traversez Fuerteventura et gagnez les eaux turquoise de la péninsule de **Jandía** *(p. 55)*. Farniente ou glisse, sur ces immenses plages dorées, un seul mot d'ordre : décompressez et faites le plein d'air pur et de soleil !

▶ *Après-midi*
Retour à **Puerto del Rosario** *(p. 52)* pour prendre un bateau ou un avion à destination de Las Palmas de Gran Canaria.

▶ *Soir*
Pour votre dernière soirée sur l'île, arpentez le **Paseo de las Canteras** *(p. 36)*, autre cœur animé de la ville.

Visiter les Canaries

Les Canaries aujourd'hui 14
Tenerife★★★ 16
Gran Canaria★★ 32
Lanzarote★★★ 44
Fuerteventura 52
La Palma★ 56
La Gomera★ 64
El Hierro 68

Les rues du village de Teguise, ancienne capitale de Lanzarote.
C. Le Tourneur d'Ison/hemis.fr

Les Canaries aujourd'hui

Les Anciens les baptisèrent « **îles Fortunées** », envoyèrent Hercule y cueillir les pommes d'or des Hespérides et en firent le séjour des bienheureux, les « champs élyséens ». Mais c'est la voix remplie de crainte que les marins phéniciens évoquaient les monstrueuses ténèbres guettant ceux qui s'aventuraient au-delà : on atteignait ici le bout du bout du monde… Plus prosaïques, pirates barbaresques et corsaires anglais, français ou hollandais hantèrent leurs rivages, qui en quête d'esclaves, qui à l'affût de la précieuse cargaison des caravelles faisant escale ici entre les Amériques et la vieille Europe…

Deux mille ans plus tard, les Canaries font toujours rêver. Émergeant au large des côtes africaines, ce chapelet d'îles volcaniques jouit d'un **climat** à la douceur exceptionnelle. L'agriculture, moteur de la prospérité économique durant quatre siècles, a modelé ses **paysages** : patiemment, des générations de paysans ont aménagé les versants trop abrupts pour y dégager de grandes terrasses arables, striant la montagne de murets de pierre et en verdissant les flancs. Si le tourisme a supplanté l'agriculture comme source première de revenus, les îles réservent toujours une place de choix aux **cultures d'exportation** : agrumes, bananes, tomates mûries sous serre, mais aussi des fruits tropicaux, avocats, mangues, papayes, ananas…

Car les Canaries ne se résument pas aux stations balnéaires démesurées qui bordent les plages de Tenerife, de Gran Canaria et de Fuerteventura. Que l'on s'en éloigne un peu, grimpant entre cactus, aloès et agaves, gagnant les pinèdes, et l'on découvre des **paysages** somptueux. Riches d'un patrimoine naturel unique, qu'elles doivent au volcanisme autant qu'à leur isolement, source d'importants endémismes de la flore et de la faune, les Canaries sont régies depuis 1987 par la loi de Protection des Espaces naturels et la moitié des îles ont été classées réserves de Biosphère par l'Unesco, parfois dans leur totalité.

En quelques heures de ferry ou d'un coup d'aile, on change d'île – d'univers parfois. La plus grande des Canaries, la plus célèbre aussi, **Tenerife** décline une infinie palette de couleurs et de textures : dominé par le pic enneigé du Teide, le monde lunaire des Cañadas surgit comme un négatif des forêts embrumées de las Mercedes, la nonchalance des plages du Sud contraste avec la laborieuse existence des Tinerféniens, l'intense vie urbaine et l'architecture ultra-contemporaine de Santa Cruz semblent à mille lieues des balcons de bois et des ruelles pavées de La Orotava toute proche.

Gran Canaria a suivi le même modèle de développement : un tourisme balnéaire de masse au sud, autour des superbes dunes de Maspalomas, un cœur montagneux préservé autour

URF/F1Online/age fotostock

Un village de pêcheurs à Fuerteventura.

de Pozo de las Nieves, une panoplie de hameaux sur les versants mieux arrosés de la côte nord et une capitale vivante où l'architecture la plus design fait de l'œil aux édifices coloniaux. Très différente, indéniablement l'une des îles les plus surprenantes, **Lanzarote** surgit comme un joyau géologique dont un esthète est tombé amoureux : sur ses étonnantes Montagnes de Feu, son spectaculaire tube volcanique, ses *miradores*, la main de César Manrique a célébré le mariage de l'art et de la nature. Balayées par des vents secs, les montagnes rougeâtres et pelées de l'austère **Fuerteventura**, ponctuées çà et là d'un archaïque moulin à vent ou de vastes champs d'éoliennes, veillent sur des kilomètres de plages de carte postale – turquoise et jaune saharien. **La Palma**, majestueuse autour de la gigantesque Caldera de Taburiente, et sa voisine, l'attachante petite île de **La Gomera**, sont les poumons verts de l'archipel. Toutes deux sont sillonnées de profonds *barrancos* descendant en étoile vers l'océan, vertigineux ravins que tapissent plantations de bananiers, d'avocatiers ou de manguiers; versant sauvage, toutes deux accueillent des laurisylves, ces forêts de l'âge tertiaire noyées dans des brumes éternelles, dont le parque de Garajonay offre le plus bel exemple. Dans leurs chef-lieux assoupis flotte l'ombre des découvreurs de l'Amérique. La plus petite et la plus méconnue, **El Hierro**, avec sa silhouette en Y, est à sa manière la plus moderne : résolument bio, elle entend n'utiliser que des énergies renouvelables. D'un bout à l'autre de l'archipel, une pléiade de **belvédères** dévoile des points de vue époustouflants sur les pinèdes, les ravins, les champs de lave ou les humeurs de l'Atlantique. À regarder les îles d'en haut, on se prend à tenter de cerner le fond de l'**âme canarienne**, aussi diverse que ses îles derrière son apparente nonchalance, où l'on entend comme des accents venus du Portugal, de Cuba ou du Venezuela. Et pour cause : escale sur les routes de l'Afrique, de l'Amérique et de l'Europe, les Canaries ont vu se croiser, se heurter ou se rencontrer les migrants de tous les horizons. Un week-end n'y suffira pas et, séduit par la douceur d'y vivre, vous reviendrez assurément sur ces terres à tous points de vue métisses.

Tenerife★★★

Traversée par une longue échine montagneuse, la plus grande des îles Canaries s'étale au pied du Teide, puissant cône volcanique taquinant les cieux à 3718 m d'alt. Elle offre un climat d'une douceur exceptionnelle, idéal pour de longues randonnées ou pour lézarder sur la plage. La « montagne enneigée » **(Tenerife),** ***comme la baptisèrent les Guanches, ses premiers habitants, séduira aussi peintres et photographes par l'inépuisable palette de couleurs que livrent sa végétation et ses paysages.***

▶**Accès :** Principal point d'entrée sur l'archipel, l'île compte deux aéroports internationaux (Los Rodeos au nord et Reina Sofía au sud) et deux ports (Santa Cruz au nord et Los Cristianos au sud) ; fréquentes liaisons avec les îles voisines.

Plan de Santa Cruz de Tenerife p. 19. Plan détachable CDEF1-2-3.

▶**Conseil :** Pour avoir un bon aperçu de l'île, comptez au moins 3 j. Consultez la météo avant toute randonnée et gardez toujours une petite laine sur vous.

SANTA CRUZ DE TENERIFE★

Plan de Santa Cruz de Tenerife

Jadis petit port assurant les échanges avec la ville voisine de La Laguna, l'actuelle capitale de Tenerife se développa surtout au 19e s. Comptant aujourd'hui 222643 hab., elle concentre les activités industrielle (raffinerie, industries du tabac, etc.) et maritime de l'île. Son port partage avec celui de Las Palmas le rôle d'escale sur les routes de l'Atlantique et celui de plaque tournante pour le commerce avec le reste des Canaries.

Autour de la plaza de España

Réaménagée en 2009 par les architectes suisses Jacques Herzog et Pierre de Meuron, dans le cadre du grand projet de modernisation de la zone portuaire, la place d'Espagne sert de trait d'union entre le port et le cœur historique de la cité. Trois petits édifices de pierre volcanique dessinés par Patrick Blanc, aux murs et toits végétalisés (l'un abrite l'office de tourisme), entourent un grand bassin décentré : une fusion de la nature et de l'art qui sonne comme un hommage à César Manrique. Voyez aussi, près de la place, le patio à arcades et les galeries en bois du **Palacio de Carta** *(plaza de la Candelaria)*, qui date du 18e s.

De la digue du port, une vaste **vue**★ embrasse l'amphithéâtre hérissé d'immeubles où s'étage la ville, à l'arrière duquel se profilent le Teide et le massif d'Anaga. De la cité ancienne, seules subsistent quelques demeures à balcon autour de l'**église de la Concepción** (16e-17e s.), qui attire l'œil par sa haute tour et ses balcons extérieurs et abrite par ailleurs de beaux retables baroques sculptés.

Vue sur la ville de Santa Cruz.

Museo Municipal de Bellas Artes – *C/ José Murphy 12 - ✆ 922 27 47 86 - www.santacruzdetenerife.es - mar.-vend. 10h-20h, sam., dim. et j. fériés 10h-15h - gratuit.* Peinture flamande du 16e s. et toiles du 19e s. occupent le 2e étage du musée municipal des Beaux-Arts ; parmi elles, ne manquez pas le *triptyque de la Nativité* du Flamand Pieter Coecke, le portrait de *San Andrés* par José de Ribera (1591-1652) ni les grandes toiles de Juan de Miranda (1723-1805). Au 1er étage, expositions temporaires d'art contemporain.

Museo de la Naturaleza y el Hombre★ – *C/ Fuente Morales s/n - ✆ 922 53 58 16 - www.museosdetenerife.org - mar.-sam. 9h-20h, lun., dim. et j. fériés 10h-17h - 5 €, gratuit vend.-sam. 16h-20h - agréable cafétéria.* Installé dans l'ancien hôpital civil, un grand bâtiment néoclassique, le musée de l'Homme et de la Nature présente deux importantes collections, l'une d'archéologie (céramiques guanches, momies) et l'autre de sciences naturelles (écosystèmes de l'archipel). Au 2e étage, quelques belles pièces d'art africain et pré-colombien.

Tenerife Espacio de las Artes (TEA) – *Av. de San Sebastián 10 - ✆ 922 84 90 57 - www.teatenerife.es - mar.-dim. 10h-20h - 7 € - cafétéria.* Lumière et ouverture caractérisent cette création d'Herzog et de Meuron (2008) qui héberge un musée d'art contemporain, un centre de photographie et une vaste bibliothèque. Le TEA organise régulièrement de belles expositions et des spectacles de qualité *(voir « Sortir », p. 88)*.

Recova municipal – *Av. San Sebastián 51 (derrière le TEA) - ✆ 922 21 47 43 - www.la-recova.com - 6h-14h (dim. 7h-14h).* Également connu sous le nom de **Mercado de Nuestra Señora de África**, le marché municipal occupe un bâtiment de style néocolonial des années 1940. Les fleurs coupées y occupent une place privilégiée.

Parque García Sanabria★

Regroupant quelque 200 essences tropicales et méditerranéennes, cet agréable parc, fleuri et bien entretenu, s'étend près des **Ramblas**, un grand boulevard jalonné d'espaces verts qui constitue l'une des principales artères de la ville.

SE LOGER

Barceló Santa Cruz Contemporáneo 4
Príncipe Paz (Hotel) 1

SE RESTAURER

Cuatro Postes (Los) 4

PRENDRE UN VERRE

Calle Antonio Domínguez Alfonso 1
Rebotica (La) 2

SHOPPING

Artenerife 1
Corte Inglés (El) 6
Isla Libros (La) 4

SORTIR

Auditorio de Tenerife 1
Centro Cultural El Tanque 2
TEA (Tenerife Espacio de las Artes) 3

SANTA CRUZ DE TENERIFE
0 200 m
N
A
B
SAN ANDRÉS TF 11
ESTACIÓN MARÍTIMA
LA LAGUNA, PUERTO DE LA CRUZ
PARQUE MARÍTIMO CÉSAR MANRIQUE, EL TANQUE, AUDITORIO DE TENERIFE
LA NINFA
LAS MIMOSAS
EL TOSCAL
MUSEO MILITAR
Parque municipal García Sanabria
Museo municipal de Bellas Artes
Pl. del Patriotismo
Pl. San Francisco
S. Francisco
Palacio de Carta
Pl. de España
Pl. de la Candelaria
Pl. Santo Domingo
Pl. Alférez Provisional
Bethencourt Alfonson
Pl. del Gen. Weyler
Costa y Grijalba
Concepción
A. Domínguez Alfonso
Pl. de la Iglesia
Pl. de Europa
TEA
Museo de la Naturaleza y el Hombre
RECOVA MUNICIPAL
Puente General Serrador
Puente Gen. Galcerán
Barranco de Santos
Rambla de Pulido
Pérez de Rozas
San Sebastián
Lope de Vega
Los Molinos
Ramón y Cajal
Miraflores
Imeldo Seris
Castillo
Pérez Galdós
Robayna
Méndez Núñez
Pilar
Clavijo
Numancia
Vieja
Avenida 25 de Julio
Rambla del General Franco
Enrique Wolfson
Doctor José Naveiras
Doctor Guigou
S. Francisco Javier
La Rosa
San Francisco
La Marina
Av. F. de la Roche (Av. de Anaga)
San Isidro
Saludo
Bravo Murillo
Av. José Antonio Primo de Rivera
Álvarez de Lugo
Gen. Galcéran
1
2
3

Sur le front de mer

Parque Marítimo César Manrique★ – *Derrière l'Auditorio - ✆ 922 22 93 68 - www.maritimosantacruz.com - dim.-jeu. 10h-20h ven.-sam. 0h et veilles de j. fériés 10h-19h - 2,50 €.* Réalisé d'après des ébauches de Manrique, ce grand complexe de loisirs composé d'un ensemble de piscines, buvettes et restaurants combine avec bonheur l'eau, la roche volcanique et la végétation.

Auditorio de Tenerife★ – *Av. Constitución 1 - ✆ 922 56 86 25 - www.auditoriodetenerife.com - visites guidées lun.-sam. 12h30 (et 17h30 de juil. à sept.) - 5 €.* On doit à Santiago Calatrava (2003) sa grande vague blanche déferlant sur une superposition de plates-formes. La salle de concert abrite un orgue à huit claviers de conception révolutionnaire (*voir aussi « Sortir », p. 88*).

Playa de las Teresitas *Plan détachable* F1 – *À l'est de la ville.* Cette longue plage aménagée doit sa couleur jaune au sable du Sahara. Elle rencontre un franc succès auprès des Chicharreros, les habitants de la capitale, qui apprécient ses eaux calmes et claires et ses quelques palmiers dispensant un peu d'ombre.

LA LAGUNA★

E1 *À 11 km de Santa Cruz, reliée par un tramway* (tranvía) *régulier. Évitez le lundi, beaucoup d'édifices sont fermés. Prévoyez un pull : le ciel est souvent couvert. Visites guidées gratuites du cœur historique en espagnol (lun.-vend. 10h30, 12h30, 16h, w.-end 10h30, 12h) ou en français (lun.-vend. 12h30) : rens. à l'office de tourisme.*

Ancienne capitale de l'île, San Cristóbal de La Laguna fut fondée en 1496 au bord d'une... lagune disparue depuis. Le plan quadrillé qu'elle adopta servit de modèle d'urbanisation pour toutes les villes que les conquistadors espagnols établirent dans le Nouveau Monde, primauté qui lui valut d'être classée au patrimoine de l'Unesco en 1999. La ville accueille aujourd'hui l'université de Tenerife. Pour la Fête-Dieu, ses rues disparaissent sous des tapis de fleurs. Le 14 septembre, une procession et des salves pyrotechniques fêtent le Christ du couvent de San Francisco, patron de la ville ; on pourra assister alors à un championnat de lutte canarienne, sport qui remonte à l'époque guanche (*voir « Du folklore à la fête », p. 134*).

Autant Santa Cruz joue la carte de la modernité, autant La Laguna cultive ses racines coloniales. Rendues aux piétons, les larges rues pavées de Herradores, Obispo Rey Redondo (anc. Carrera) et Capítan Brotons traversent son centre historique, commerçant et vivant. Demeures historiques, anciens palais, églises et couvents des 16e-18e s. ont été soigneusement restaurés : l'ensemble possède un cachet indéniable et l'on y passe agréablement 2 ou 3h.

Plaza del Adelantado – Cette agréable place ombragée, centre névralgique de la ville ancienne, est entourée de plusieurs édifices intéressants : l'ancien **convento de Santa Catalina**, couronné par

Plage de Las Teresitas.
G. A. Rossi/Tips/Photononstop

ses balcons grillagés typiques de l'archipel ; le **palacio de Nava**, dont la façade en pierre de taille (17e s.) rappelle le palais épiscopal *(voir plus loin)* ; l'**Ayuntamiento** (Hôtel de Ville), édifice néoclassique composé par un ensemble de bâtiments dont les éléments les plus remarquables sont les entrées de la calle Obispo Rey Redondo (16e et 18e s.).

Catedral – Son élégante façade néoclassique (1819) ouvre sur trois nefs reconstruites en 1905 dans le style néogothique. Le retable de la capilla de los Remedios (bras droit du transept) montre une Vierge du 16e s. et des panneaux flamands du 17e s. Le trésor contient, parmi de précieux objets liturgiques, un ostensoir du 17e s. et un reposoir du Jeudi saint.

Iglesia de la Concepción★ – *Lun.-vend. 10h-17h, sam. 10h-14h - 3 € donnant accès à la tour, au couvent Santa Catalina et au Palacio Salazar - pas de visite pendant les offices.* Sa solide tour en pierre grise (17e s.) attire l'attention de loin. Du début du 16e s., l'église, bien que modifiée par la suite, est un exemple typique des sanctuaires canariens construits à l'époque de la conquête. Elle recèle de beaux plafonds à caissons mudéjars et un autre d'influence portugaise, des stalles et une chaire baroques ainsi qu'un autel en argent repoussé dans la chapelle du Saint-Sacrement (Capilla del Santísimo).

Museo de Historia de Tenerife (Casa Lercaro) – *C/ San Agustín 22 - ✆ 922 85 29 49 - www.museosdetenerife.org - mar.-sam. 9h-20h, lun., dim. et j. fériés 10h-17h - 5 € - gratuit vend.-sam. 16h-20h.* La conquête de Tenerife et son évangélisation, les rythmes quotidiens et les institutions sociales, les étapes de peuplement et l'économie : du 15e s. à nos jours, la vie de l'île sous toutes ses facettes est évoquée dans cette demeure de la fin du 16e s. Autour du patio central court une belle galerie en surplomb.

À droite en sortant du musée, le **Palacio del Obispado** (palais épiscopal), ou **Antigua Casa de Salazar**, affiche une belle façade en pierre de taille (17e s.) ouvrant sur patio fleuri *(visite couplée avec l'église de la Concepción : voir plus haut).* De l'autre côté, jetez un œil au ravissant patio de la Casa Montañes (18e s.).

Santuario del Santísimo Cristo – *À l'extrémité de la C/ Nava y Grimón, sur la plaza de San Francisco.* L'église abrite, au centre d'un retable en argent repoussé, ce Christ du 15e s. très vénéré que la ville porte en procession le 14 septembre. Sur la place se tient le **Mercado de Flores** *(7h30-14h)* : roses, orchidées, oiseaux de paradis produits dans les nombreuses serres alentour. La région est en effet la principale exportatrice de fleurs coupées de l'île vers la Hollande et les États-Unis.

PARQUE NACIONAL DEL TEIDE★★★

D2 *Prenez de bonnes chaussures et des vêtements chauds : la route passe à plus de 2 000 m d'alt. Téléphérique - www.telefericoteide.com - 9h-16h - 13 € AS (en haute saison, réservez votre place au ✆ 922 01 04 45).* **Centros de Visitantes** *(9h-16h)* à

El Portillo et à Cañada Blanca : avant toute randonnée, faites-y halte pour vous enquérir de la météo, imprévisible, et de l'état des sentiers.
Accès – Quatre routes, toutes différents par leur qualité comme par les paysages traversés, grimpent vers le Teide. Vous bénéficierez souvent d'un ciel plus dégagé et d'un meilleur éclairage sur le pic le matin.

La route de La Esperanza★

E1-D2 *55 km - env. 1h30.* Cette « dorsale » emprunte la crête séparant les deux versants de l'île et offre des vues plongeantes tantôt sur Puerto de La Cruz et la côte nord, tantôt sur le littoral sud. Large et de dénivelé plus progressif que les autres, c'est la voie d'accès qui se prête le mieux au vélo. Elle traverse sur plusieurs kilomètres le **Pinar de La Esperanza★**, épais bois de pins canariens au milieu duquel, au lieu-dit Las Raíces, s'élève un obélisque commémorant l'entrevue qui se déroula ici, en 1936, entre le général Franco, alors capitaine général des Canaries, et les officiers placés sous son commandement.
Plusieurs **belvédères★★** jalonnent le parcours : mirador de Montaña Grande, del Pico de las Flores *(à l'écart de la route)*, de Ortuño, de Chipeque (au plus éloigné des deux, superbe vue sur le Teide). Lorsque la mer de nuages qui entoure souvent le Teide se lève, ils permettent d'admirer le secteur nord, une zone de pinède à perte de vue, à la végétation luxuriante, dont le vert contraste avec l'aridité de la vallée de Güímar (sud). Passé la **Crucita**, la route pénètre dans un paysage de haute montagne et l'on aperçoit, à gauche, l'observatoire astronomique de Izaña.

La route de La Orotava★

D2 *40 km - env. 1h.* Ce trajet, plus sinueux que le précédent, permet d'observer la végétation du versant nord : bananiers, arbres fruitiers, maïs, pommes de terre, vignes. La vaste pinède canarienne commence à **Aguamansa**. Passé le village, vous verrez au bord de la route une énorme marguerite de basalte sculptée par l'habile ciseau de la nature.
El Portillo – À la jonction des routes de La Esperanza et de La Orotava, on rejoint ce col à 2030 m d'alt. Avant de pénétrer dans l'extraordinaire monde minéralogique de Las Cañadas, arrêtez-vous au **Centro de Visitantes** qui présente l'histoire géologique et les écosystèmes du parc.

La route de Guía de Isora

CD2 *38 km - env. 1h.* Elle traverse les coulées du Pico Viejo, plus précisément celles de Las Narices del Teide (les narines du Teide – éruption de 1798) et celles du volcan Chinyero (1909). Ces éruptions étant les plus récentes, le contraste entre la pinède et les coulées est ici plus accusé. Puis, à la brèche de **Boca de Tauce★★** (2055 m), c'est la découverte saisissante des Cañadas et du Teide.

La route de Vilaflor

D2-3 *26 km - env. 40mn.* À 1466 m d'alt., Vilaflor est la localité la plus élevée de Tenerife : virages serrés en perspective sur cette route qui traverse une belle pinède.

Cañada Blanca – À côté du Parador de las Cañadas *(voir « Se loger », p. 95)*, ce **Centro de Visitantes** évoque le rôle de l'homme dans le parc.

Las Cañadas et le Pico del Teide★★★

D2 Point le plus élevé des territoires espagnols (3718 m), ce sommet volcanique prend un aspect féerique sous la neige dont il est généralement couvert. Il s'élève à la périphérie nord du cirque de Las Cañadas, spectaculaire cône volcanique effondré, culminant à plus de 2000 m d'alt. Au centre du cirque, en face du parador, se dresse une arête de rochers de lave dégagés par l'érosion, Los Roques. Les rochers de Los Azulejos sont couverts d'oxyde de cuivre aux reflets bleu-vert.

Partant de La Rambleta, le **téléphérique** s'élève de 1199 m en 8mn *(déconseillé aux personnes souffrant de problèmes respiratoires ou cardiaques)*. De la plate-forme d'arrivée, à 3555 m d'alt., la vue, par temps dégagé, embrasse presque tout l'archipel. Il faut un permis *(à solliciter sur www.reservasparquesnacionales.es)* pour gravir les pentes *(env. 30mn de marche sur un sol volcanique instable)* jusqu'au sommet, où s'ouvre un cratère sulfureux de près de 25 m de profondeur sur 50 m de diamètre.

LA POINTE NORD-EST DE L'ÎLE

Pour découvrir cette zone montagneuse verdoyante, quittez La Laguna par la TF 152, qui double la TF 5 (Autopista del Norte). Peu avant Tacoronte, bifurquez vers le nord par la TF 16. Comptez 3h pour effectuer cette boucle d'env. 80 km.

Valle de Guerra

E1 *À 16 km de La Laguna.* La **Casa de Carta** *(C/ Vino 44 - ✆ 922 54 63 08 - www.museosdetenerife.org - 10h-17h - 5 € - gratuit vend.-sam. 13h-17h)* est le pendant ethnographique de la Casa Lercaro à La Laguna *(voir p. 22)*. En passant le seuil de cette demeure noble du 18ᵉ s., vous plongerez dans la culture populaire de l'île : poterie et vannerie, meunerie et moulins, fouloirs, costumes traditionnels...

Bajamar

E1 *À 7 km de Valle de Guerra via Tejina.* Tous les bienfaits de l'eau de mer, le calme en plus (l'océan est ici le domaine réservé des surfeurs aguerris) : en venant se fracasser en de hautes gerbes contre leur bordure, les vagues remplissent ces deux grands bassins pour en faire des piscines naturelles *(accès libre)*.

Monte de Las Mercedes★★

EF1 *Accès par Las Mercedes, à 12 km de Bajamar. Pour une meilleure lumière dans les sous-bois, venez-y en milieu de journée. Nombreux sentiers de randonnée.*

La pointe d'Anaga, montagneuse, attire et retient les nuages venus du nord. L'humidité entretient d'épais bois de lauriers arborescents, de bruyères géantes et de *fayas*, une espèce de myricacée propre aux Canaries. Les routes sinueuses qui parcourent ses abords offrent de beaux panoramas. Parmi les nombreux miradors qui ponctuent

Las Cañadas et le Pico del Teide.
W. G. Allgoewer/Blickwinkel/age fotostock

le trajet, celui de **Cruz del Carmen★** livre une belle vue sur la vallée de La Laguna (*centro de visitantes* du Parque Rural de Anaga). Plus impressionnant encore, le **Mirador del Pico del Inglés★★** : de ses 1024 m d'alt., le pic domine toute la péninsule d'Anaga et, si le ciel se dégage, vous verrez au loin se profiler le Teide. Un panorama grandiose...
Poursuivant vers l'est, la TF 12 franchit le col du **Bailadero★** en livrant de part et d'autre de beaux panoramas. En prenant vers la côte nord à la bifurcation, vous descendrez par une **route panoramique★★** vers le pittoresque village de **Taganana★** juché entre deux ravins. Nuestra Señora de Las Nieves, l'église du village, abrite un retable flamand du 16ᵉ s. Suivez la corniche jusqu'à l'ermitage d'**Almáciga** pour découvrir la vue sur la côte et les rochers d'Anaga.
En revenant à la bifurcation pour prendre la direction de Santa Cruz, vous rejoindrez la côte au niveau de **San Andrés**, village de pêcheurs dominant la grève de sable doré de Las Teresitas *(voir p. 20)*, puis longerez les installations portuaires avant de rejoindre la capitale.

LA CÔTE NORD-OUEST

De Puerto de la Cruz, la TF 335 puis la TF 42 longent la côte ouest jusqu'à Buenavista del Norte avant de bifurquer vers l'intérieur des terres. Comptez env. 60 km (2h sans les visites) pour rejoindre Santiago del Teide.

Puerto de la Cruz★

D1 *À 37 km de la capitale.*
La pêche n'est plus, comme jadis, la première ressource de la ville : amorcé par des Anglais en quête de soleil à la fin du 19ᵉ s., le tourisme a pris le relais, provoquant l'éruption, au cœur des bananeraies de la côte nord, de cette étonnante ville-champignon, exubérante prolifération d'immeubles qui s'agglutinent le long d'un littoral rocheux jonché d'écueils. Un **front de mer★** animé, jalonné de terrasses, de boutiques et de belvédères fleuris, offre une agréable balade dans la station balnéaire historique de Tenerife ; il se prolonge à l'est jusqu'au petit ermitage San Telmo (18ᵉ s.).
Plaza del Charco – Le quartier ancien, zone piétonne comprise entre la plaza de la Iglesia et la plaza del Charco, a conservé des églises des 17ᵉ et 18ᵉ s. et des maisons aux balcons typiques, telle l'ancienne **Casa de Aduana** *(C/ Las Lonjas s/n - bureau d'info touristique et expos d'artistes canariens)*. Les inconditionnels de la civilisation guanche pousseront jusqu'au modeste **Museo Arqueológico** *(C/ El Lomo 9A - ☎ 922 37 14 65 - mar.-sam. 10h-13h et 17h-21h, dim. 10h-13h - fermé août et j. fériés - 2 €).*
Jardín de Aclimatación de La Orotava★★★ *C/ Retama 2 - ☎ 922 92 29 81 - www.icia.es - 9h-18h - 3 €.*
Ce jardin botanique fut fondé au 18ᵉ s., sur l'ordre de Charles III, par le marquis de Villanueva del Prado. C'est, dans un petit enclos de 2 ha, une extraordinaire profusion de toutes sortes d'espèces d'arbres et

de fleurs, provenant tant des Canaries que d'autres régions du monde, auxquelles le climat de l'île assure une croissance remarquable. Palmiers, aloès et agaves se révèlent d'une diversité inattendue. Le sujet le plus étonnant est un ficus, vieux de près de deux siècles, soutenu par des racines adventives qui lui servent d'échasses.
Jardín Orquídeas Sitio Litre – *Camino Sitio Litre s/n - ✆ 922 38 24 17 - www.jardindeorquideas.com - 9h30-17h - 4,75 €.* Cette demeure de 1730 accueille une collection d'orchidées (floraison toute l'année) et un beau dragonnier.
Lago Martiánez★ – *Av. de Colón - ✆ 922 38 59 55 - 10h-18h - 5,50 €.* Vous y retrouverez cette fusion entre esthétique et loisirs, art et nature qui caractérise les réalisations de César Manrique : en bord de mer, un grand ensemble de piscines entourées de verdure et de roches volcaniques.
Playa Jardín★ – *À l'ouest de la ville, au niveau de l'av. Francisco Alfonso Carrillo.* Elle aussi revue par l'œil de Manrique, cette jolie plage de sable noir, propice à une pause baignade, s'entoure de jardins soignés, que domine le Castillo de San Felipe, une ancienne tour de guet.
Loro Parque – *À l'ouest de Playa Jardín (fléché) - ✆ 922 37 38 41 - www.loroparque.com - 8h30-18h45 (dernière entrée 17h) - 34 € (enf. 23 €). Petit train gratuit depuis la plaza Reyes Católicos ttes les 20mn. Prévoir 3 à 4h au moins.* Félins, gorilles, iguanes, tortues, crocodiles et surtout perroquets *(loros)* se partagent les 50 000 m² de ce jardin subtropical où l'on chemine entre cactus et dragonniers, orchidées et palmiers par milliers. Spectacles de perroquets et de dauphins.

Mirador de Humboldt★

***D1** À l'entrée de La Orotava en venant de Puerto de la Cruz - cafétéria.*
La statue du naturaliste allemand Alexander von Humboldt (1769-1859), qui visita l'île en 1799, regardera avec vous le panorama qui s'ouvre sur la vallée de La Orotava : au pied du Teide raviné, une immense dépression déroule jusqu'à la mer son épais tapis de bananiers et d'où émergent les maisons de La Orotava et de Puerto de la Cruz.

La Orotava★★

***D2** À 5 km de Puerto de la Cruz. Garez-vous plaza de la Constitución.*
Échelonnée à flanc de montagne, La Orotava domine la vallée fertile qui lui donne son nom. Elle a conservé un vieux quartier intéressant, avec de belles demeures nobles de différentes époques, et certains de ses balcons en bois comptent parmi les plus beaux des Canaries. La Orotava est le point de départ de l'une des quatre routes d'accès au pic du Teide *(voir p. 23-24)*.
Plaza de la Constitución – Joli belvédère que cette place où se dressent l'église baroque San Agustín (17ᵉ s.), le Liceo de Taoro (centre culturel) et les Jardínes Victoria, dessinés par un architecte français au 19ᵉ s. Dans la calle Inocencio García, la curieuse façade baroque de l'église **Nuestra Señora de la Concepción** (18ᵉ s.) est encadrée de deux tours

(à l'intérieur, visite du trésor). Passé la façade néoclassique de l'Hôtel de ville *(plaza del Ayuntamiento)*, suivez la calle Carrera pour rejoindre le **Jardín de la Hijuela del Botánico** *(9h-14h sf w.-end et j. fériés - gratuit)*, un parc luxuriant créé au 19e s. et qui fut un temps la serre du jardin botanique de Puerto de la Cruz. Pour la Fête-Dieu *(juin)*, quand les rues se couvrent de beaux tapis floraux, la plaza del Ayuntamiento se pare d'une composition géante à base de terres colorées.

Calle San Francisco★ – C'est dans cette rue que vous admirerez les plus beaux balcons de la ville. Sous le nom de **Casa de los Balcones** se cachent en fait deux maisons (nos 3 et 5) du 17e s., avec de splendides balcons de bois sculpté et de beaux patios. Boutique d'artisanat au rdc et petit musée au 1er étage *(8h30-18h30 - 2 €)*, l'occasion de découvrir un intérieur bourgeois traditionnel. En face, la **Casa del Turista**, une maison de style Renaissance (16e-17e s.), abrite une autre boutique d'artisanat ; jolie vue depuis la terrasse. Mais ce ne sont là que quelques-unes des multiples maisons à balcon de bois ou de pierre à découvrir dans tout le centre historique, au hasard des rues.

Museo Iberoamericano de Artesanía de Santo Domingo – *Convento de Santo Domingo - C/ Tomás Zerolo 34 - ✆ 922 32 23 76 - www.artenerife.com - lun.-vend. 10h-15h - 2 €.* Les murs de l'ancien couvent (17e s.) abritent une riche collection d'artisanat espagnol et ibéro-américain : instruments de musique, céramiques, textiles, etc.

Museo Etnográfico Pinolere – *Azados Guanche s/n (sur la route du Teide) - ✆ 922 32 26 78 - mar.-dim. 10h-14h - 2 €.* Maisonnettes au toit de chaume ou de tuile et fours anciens reconstituent le visage de la vallée de La Orotava dans les temps anciens.

Icod de los Vinos★

CD2 *À 22 km de Puerto de la Cruz.*

Établie dans une région vinicole, la ville d'Icod remonte au début de la conquête. Les multiples indications « drago » vous conduiront, derrière la plaza de la Constitución, à un arbre qui fait la fierté d'Icod : le **dragonnier★** le plus imposant et le plus vieux de l'archipel *(Parque del Drago - 9h30-18h30 - 5 €)* ; véritable fossile vivant, cet arbre aurait entre 800 et 1000 ans.

Sur la plaza de la Constitución, joliment fleurie, s'élève l'église **San Marcos** (fin du 15e s.) ; son musée d'Art sacré *(lun.-sam. 9h-13h30, 16h-18h30 - 1 €)* renferme une immense croix en filigrane d'argent fabriquée à Cuba au 17e s. ; pesant près de 50 kg, elle mesure 2,45 m de hauteur. D'élégantes demeures à balcons de bois, comme la Casa de Los Cáceres, entourent la place.

Cueva del Viento

D2 *À 6,5 km d'Icod de los Vinos - ✆ 922 81 53 39 - www.cuevadelviento.net - mar.-sam. 10h, 11h, 13h et 14h - visite 2h - 16 € - réserv. indispensable - chaussures fermées impératives.*

Les coulées de lave du Pico Viejo, situé près du Teide, ont donné naissance à ce tube volcanique de 17 km de longueur, l'un des plus

Iglesia de la Concepción.

M. Runkel/Robert Harding Picture Library/age fotostock

Le sang du dragon
Arbre sacré pour les Guanches, le dragonnier (Dracaena draco) prospère sur les îles de Macaronésie et dans le sud marocain. Dans les temps très anciens, on racontait qu'à leur mort les dragons se métamorphosaient en cet arbre aux mille têtes. Peut-être même, susurrent certains, ceux des Canaries gardaient-ils les pommes d'or du jardin des Hespérides. Réputée pour ses vertus magiques, la sève rougeâtre coulant de ses blessures, le « sang du dragon », ne pouvait qu'accréditer le mythe. Longtemps exploité pour ses propriétés curatives et tinctoriales, le « drago » fait aujourd'hui l'objet de mesures drastiques de protection. Célèbre entre tous, celui d'Icod de los Vinos atteint 16 m de haut.

grands d'Europe. Sur les 1200 m de visite, 180 m ont lieu dans le tube proprement dit.

Garachico
C2 *À 6 km d'Icod de los Vinos.*
C'était jadis la principale agglomération de la côte nord : l'éruption volcanique de 1716 n'en laissa que le Fuerte San Miguel, près duquel une promenade a été aménagée parmi des écueils acérés, et un vieux quartier plein de charme avec ses demeures à balcons et son ancien couvent franciscain *(place de la mairie - ouv. lors des expos temporaires)*. Près de la petite ville, une plage de sable noir, la **Playa de El Socorro**, séduira les surfeurs.

Vallée de El Palmar★★
C2 *Elle s'étend de Buenavista del Norte à Santiago del Teide.*
La végétation tropicale s'estompe et les plantations de bananes se font plus rares à mesure que s'éloigne l'Océan et que vous prenez de l'altitude. Au niveau d'El Palmar, une transversale rejoint **Teno Alto**, un hameau enchâssé dans une cheminée volcanique, au centre d'un cratère strié de cultures en terrasses. Les randonneurs en font un but privilégié d'excursion. Le dernier tronçon longe des à-pics et franchit de profonds *barrancos* que surplombent quelques miradors. Dépassant **Masca**, charmant hameau isolé au milieu d'un **paysage★** saisissant, vous arriverez à **Santiago del Teide** que domine sa pittoresque église à dôme.
À partir d'**El Retamar**, c'est la descente parmi les champs de lave nés de l'éruption du Chinyero en 1909, jusqu'à l'**Acantilado de Los Gigantes★** : le massif montagneux de Teno se termine sur cette imposante falaise noire, que sa paroi verticale de près de 400 m a fait surnommer « les Géants ». Baleines, orques et dauphins se croisent dans le détroit qui sépare Tenerife de La Gomera *(excursion en mer organisée depuis le port en contrebas)*.

LE SUD DE L'ÎLE

Ses longues plages de sable blanc, sans équivalent sur les autres côtes, et son climat exceptionnel expliquent l'engouement pour la région. La côte sud concentre les stations balnéaires de l'île, des villes artificielles en constante expansion, vivant par et pour le tourisme de masse.

Adeje

C3 *À 83 km de Santa Cruz de Tenerife.* De ce village à l'écart de la grand-route, on peut remonter à pied *(2 km)* un site étrange dans un cadre grandiose, le **Barranco del Infierno★** (ravin de l'Enfer), une immense crevasse au fond de laquelle s'écoule un petit cours d'eau.

Playa de Las Américas et Los Cristianos

C3 *À env. 10 km de Adeje.* Sur plusieurs km, ces deux immenses stations alignent hôtels, locations résidentielles, restaurants, terrasses et discothèques face à une côte plate et sablonneuse. **Las Américas**, un brin plus huppée que ses voisines, clignote d'un luxe ostentatoire. **Los Cristianos**, plus populaire, fut pionnière en matière d'aménagement des plages et de tourisme accessible. Une promenade longe la playa de las Vistas, en plein centre.

Mirador de la Centinela★★

D3 *À env. 15 km de Playa de Las Américas.* Pour remonter la côte orientale, le plus rapide est d'emprunter la TF 1. Si vous avez du temps, prenez plutôt la TF 28 qui sinue à flanc de montagne, beaucoup plus pittoresque et jalonnée de belvédères comme le Mirador de la Centinela : aménagée sur un piton rocheux, cette « sentinelle » de la côte domine une vaste plaine cultivée où se dispersent plusieurs cratères.

El Médano

D3 *À 10 km de Granadilla de Abona.* Sa plage, surmontée par un cône volcanique, est l'une des meilleures pour la glisse. Elle est bordée par une agréable promenade.

Güímar

E2 *À 29 km de Santa Cruz de Tenerife.* Entre Fasnia et Güímar, sur la TF 28, les roches calcaires sont creusées de grottes utilisées comme remises. Au détour d'un virage, la vue plonge sur la vallée d'effondrement de Güímar, dont les pentes sont cultivées en terrasses (figuiers de Barbarie, avocatiers, papayers, vigne). Entre la ville et la mer se dresse le petit volcan de Güímar. Défigurée par l'industrialisation et les carrières, la vallée est loin de montrer l'exubérance de végétation que l'on trouve sur les versants nord de l'île.

Parque Etnográfico Pirámides de Güímar – *C/ Chacona s/n (au centre de la ville, prendre vers les hauteurs) - ✆ 922 51 45 10 - www.piramidesdeguimar.es - 9h30-18h - 11 €.* L'anthropologue norvégien Thor Heyerdahl (1914-2002), connu pour avoir monté l'expédition du *Kon-Tiki*, fit connaître ces pyramides qui intriguent toujours autant. Structures religieuses, comme les pyramides aztèques dont elles empruntent la forme ? Complexe astronomique (elles sont orientées selon l'axe du soleil aux solstices) ? Ou simples dépôts de pierres qui encombraient les champs ?

Gran Canaria★★

(Grande Canarie)

Cette île en forme de coquillage séduit par ses puissants contrastes. Le relief montagneux retient les nuages et divise l'île : terres fertiles au nord et grandes étendues désertiques au sud, falaises abruptes des côtes nord-ouest et longues plages de la côte méridionale. Au cœur de l'île, culminant au Pozo de las Nieves (1949 m), se dresse un imposant massif aux pentes striées de ravins où coulaient autrefois d'impétueux torrents. Comme à des années-lumière de sa trépidante capitale, les plages du Sud vivent au rythme immuable des vagues et du soleil.

▶ **Accès :** Aéroport international à env. 20 km au sud de la capitale. Les ferries partent d'Agaete (pour Santa Cruz de Tenerife) et de Las Palmas (pour Tenerife, Fuerteventura et Lanzarote).

Plan de Las Palmas de Gran Canaria p. 37. Plan de Vegueta-Triana p. 35. Plan détachable GHI1-2-3.

▶ **Conseil :** Comptez 3 j., l'un pour la visite de Las Palmas, le deuxième pour découvrir le centre montagneux, et le dernier pour faire le tour de l'île par la côte.

LAS PALMAS DE GRAN CANARIA★

Troisième des Canaries par sa superficie, l'île accueille la plus grande ville de l'archipel (383 308 hab.). Las Palmas, capitale de la province qui porte son nom, est avec Santa Cruz de Tenerife l'un des plus grands ports espagnols. La ville s'étend sur près de 10 km entre le ravin de Guiniguada au sud et la presqu'île d'Isleta au nord, qui offre au port un abri naturel. Deux villes cohabitent en fait à Las Palmas : la vieille cité, **Vegueta**, qui remonte au temps de la conquête, et, entre le port, la plage de las Canteras et celle d'Alcaravaneras, l'agglomération de **Puerto de la Luz**, où se concentre l'animation. Les deux zones sont reliées par un quartier résidentiel abondamment fleuri, **Ciudad Jardín**. Une falaise borde la ville à l'ouest ; au-delà sont situés des quartiers populaires au développement extrêmement rapide. La proximité de l'aéroport, plaque tournante de l'Atlantique, et la présence d'un port où mouillent les transatlantiques font de Las Palmas l'une des portes d'entrée touristiques aux Canaries.

Vegueta et Triana★

Plan de Vegueta-Triana

Dans la partie sud de la ville, ces quartiers se visitent à pied en 2 à 3h.
C'est ici, dans un bois de palmiers *(palmas)*, que Juan Rejón fonda la ville en 1478. Las Palmas n'a dépassé

Playa de Las Canteras.

définitivement les limites de ces deux quartiers qu'à partir du 19ᵉ s., avec le développement de Puerto de la Luz.

Plaza de Santa Ana – Cœur de ce centre historique, à l'ombre des palmiers, cette place piétonne rectangulaire est dominée par les belles façades de l'ancien hôtel de ville (1842) d'un côté, de la cathédrale de l'autre. Ses chiens de bronze viennent rappeler l'origine supposée des « Canaries » : leur nom viendrait du latin *canis*, chien. Sur un troisième côté s'élèvent le palais épiscopal, dont le portail d'influence mudéjare est encadré par un sobre alfiz (ornement décoratif rectangulaire), et la maison du Régent, de style Renaissance. Pour la procession de la Fête-Dieu, la place et les rues adjacentes s'ornent de tapis élaborés à partir de fleurs, de sciure et de sel.

Catedral de Santa Ana – *Ouv. durant la messe, lun.-vend. 8h-10h, sam. 8h-10h, 18h-20h, dim. 8h30-13h30, 18h-20h - en dehors de ces horaires, entrée par le Musée diocésain.* Commencée au début du 16ᵉ s., elle ne fut achevée qu'au 19ᵉ s., et la construction porte la marque de cette traversée des âges. Sa façade néoclassique dissumule un intérieur gothique avec ses trois nefs élancées aux belles voûtes nervurées. Installé dans des dépendances de la cathédrale, autour du patio des Orangers (16ᵉ s.), le **Museo Diocesano de Arte Sacro** *(C/ Espiritu Santo 20 - ✆ 928 31 49 89 - www.diocesiodecanarias.es - lun.-vend. 10h-16h30, sam. 10h-13h30 - 3 €)* expose sculptures (16ᵉ-19ᵉ s.) et pièces d'orfèvrerie ; la salle capitulaire montre une remarquable mosaïque de Manises (Valence).

Casa Museo de Colón★ – *C/ Colón 1 - ✆ 928 31 23 73 - www.casadecolon.com - lun.-ven. 9h-19h, w.-end et j. fériés 9h-15h - gratuit.* L'ancien palais des premiers gouverneurs de l'île, où Christophe Colomb séjourna en 1502, fait revivre l'époque colombine. Dans un cadre typiquement canarien, sous les beaux plafonds à caissons des salles, cartes et instruments de navigation évoquent les expéditions du navigateur. L'étage supérieur présente des maquettes de l'île et de la ville avant la Conquête ainsi qu'une collection de peintures allant du 16ᵉ au 19ᵉ s. À côté, l'**église San Antonio Abad** *(ne se visite pas)*, à l'élégante décoration baroque, fut érigée à l'emplacement de la chapelle où Colomb venait assister à la messe.

Centro Atlántico de Arte Moderno (CAAM) – *C/ Los Balcones 11 - ✆ 928 311 800 - www.caam.net - mar.-sam. 10h-21h, dim. 10h-14h - 5 €).* Dans la calle de los Balcones subsistent d'anciens édifices à beaux portails. L'un d'eux (18ᵉ s.), complètement réaménagé par l'architecte Sáenz de Oíza, accueille ce Centre d'Art moderne, voulu comme un point de rencontre des expressions artistiques européenne, africaine et américaine. D'intéressantes expositions temporaires y présentent les œuvres d'artistes contemporains canariens, espagnols ou étrangers.

Museo Canario★ – *C/ Doctor Verneau 2 - ✆ 928 33 68 00 - www.elmuseocanario.com - lun.-vend. 10h-20h, w.-end et j. fériés 10h-14h - 4 €.*

SE RESTAURER

Amaiur 15

SHOPPING

Calle Mayor de Triana 19

Fedac 13

Librería del Cabildo 14

Mercadillo de Artesanía y Cultura 10

Rastro 11

Tierra 24

SORTIR

Azotea de Benito (La) 12

Teatro Pérez Galdós 10

L'isolement des îles a prolongé la préhistoire canarienne jusqu'au Moyen Âge. En témoigne cette riche collection d'anthropologie et d'objets archéologiques appartenant aux cultures préhispaniques de l'île : momies, idoles, cuirs, céramiques, etc. Vous y verrez en particulier une collection de *pintaderas*, sortes de sceaux en argile cuite et en bois qui n'ont été trouvés que dans la Grande Canarie et dont la finalité (peinture corporelle ? identification des greniers ?) reste incertaine, ainsi qu'une reproduction de la grotte peinte de Gáldar.
En sortant du musée, faites une halte sur la **plaza del Espíritu Santo** et la **plaza de Santo Domingo**, aussi charmantes que pittoresques.

Casa-Museo de Pérez Galdós – *C/ Cano 6 - ✆ 928 366 976 - www.casamuseoperezgaldos.com - 10h-18h sf lun. - 3 €.* Elle rend hommage au romancier réaliste Benito Pérez Galdós (1843-1920), enfant de la ville. Meubles d'époque et objets personnels de l'écrivain.
Le **parque de San Telmo** *(kiosque d'infos touristiques)* termine la calle Mayor de Triana, artère commerçante de la vieille ville. À l'intérieur, dans une partie retirée, la petite église San Bernardo recèle des autels baroques et des peintures murales.

Parque Doramas

Plan de Las Palmas de Gran Canaria

Av. Pio XII s/n. Ce parc central situé à l'entrée de la ville moderne, près du quartier de Ciudad Jardín, regroupe le grand hôtel Santa Catalina (1890) et le **Pueblo Canario** (1956) *(10h-23h30 - accès libre)*, projet inachevé de réunir en un village idéal les traditions canariennes les plus typiques : artisanat, fêtes, gastronomie, architecture, etc. Un **musée** *(mar.-sam. 10h-20h, dim. et j. fériés 10h30-14h30 - 2 €)* présente l'œuvre du peintre moderniste Néstor Martín-Fernández de la Torre (1887-1938) et sert de cadre à des spectacles folkloriques.

Parque Santa Catalina

Plan de Las Palmas de Gran Canaria

C'est le cœur de la zone touristique de Puerto de la Luz. Dans les rues qui l'entourent, bars, restaurants et night-clubs attirent une clientèle internationale. On ne compte plus les boutiques tenues par des Indiens, où l'on vend toutes sortes d'articles, appareils photo, téléphones, électronique à bas prix, car le port de Las Palmas bénéficie d'un régime douanier particulier. Les Chinois ne sont pas en reste, qui tiennent la majorité des épiceries, solderies et boutiques d'artisanat « authentiquement canarien »… fabriqué dans l'Empire du Milieu.

Museo Elder de la Ciencia y la Tecnología – *Parque Santa Catalina - ✆ 828 011 828 - www.museoelder.org - mar.-dim. 10h-20h - 5 €.* Tourné vers l'avenir et les nouvelles technologies, il fait de la découverte interactive la clef de la compréhension. Exploration spatiale, phénomènes d'optique, magnétisme, médecine, etc. y sont présentés de manière ludique.

LAS PALMAS
DE GRAN CANARIA
0 500 m
N
A
B
1
2
3
LAS COLORADAS
ARUCAS, GÁLDAR GC2
TAMARACEITE GC 340
GC 3 TAMARACEITE
SANTA BRÍGIDA GC 110 CRUZ DE TEJEDA
MASPALOMAS GC1
SE LOGER
Reina Isabel (Hotel)..... 13
Santa Catalina (Hotel).......... 12
SE RESTAURER
Bitácora.......... 12
Casa de Galicia.......... 14
Rías Bajas.......... 13
PRENDRE UN VERRE
Fiesta Bar.......... 10
Muelle deportivo.......... 11
SHOPPING
Centro comercial el Muelle.... 18
Corte Inglés (El).......... 17
Fataga.......... 16
SORTIR
Auditorio Alfredo Kraus.......... 11
ISLETA
Faro
Pérez Muñoz
La
Tecen
Naval
Juan Rejón
Castillo de la Luz
Bahia del
Parque Sta Catalina
Confital
Playa de las Canteras
A. L. Jones
Thomás
Puerto de la Luz
EL MUELLE
ESTACIÓN MARITIMA
Museo Elder
SANTA CATALINA
Fernando Guanarteme
Miller
y López
Castillo
y
León
de
Muelle
ALCARAVANERAS
Playa de las Alcaravaneras
AUDITORIO A. KRAUS
Secretario Padilla
Perú
Av. J. Mesa
Pio XII
Pavia
Simancas
Av. Marítima
CIUDAD JARDIN
Muelle Deportivo
Paseo
Pio XII
Av. Ansite
León
ESCALERITAS
Paseo Cornisa
Parque Doramas
Museo Néstor
POL.
Av. Juan XXIII
del
ALTAVISTA
Paseo
de
Tomás
Carvajal
Castillo
Obispo Romo
Av. de las Escalaritas
Pl. de Don Benito
LUGO
Norte
Pl. Ingeniero León y Castillo
Mariucha
Zaragosa
Chil
Morales
Paseo de S. Antonio
ARENALES
CIUDAD DEL MAR
PARQUE DE LAS REHOYAS
Pedro Infinito
SCHAMANN
Carret. de Mata
TRIANA
FERIA DEL ATLÁNTICO
Norte
CASTILLO DE S. FRANCISCO
Doctor Marañón
del
Luis Correa Medina
Guiniguada
de
Av. Marítima del Sur
VEGUETA
Carret.
POL.
Barranco
SAN ROQUE

Playa de Las Canteras★ – *Paseo de las Canteras.* Pause baignade en pleine ville sur cette superbe plage qui descend en pente douce et qu'une barre rocheuse protège de la houle. Vous pourrez suivre sur plus de 3,5 km l'agréable promenade qui la borde, où vous n'aurez que l'embarras du choix entre restaurants et terrasses de cafés.

Puerto de la Luz

Plan de Las Palmas de Gran Canaria
Gagnée sur la mer, l'av. Marítima del Norte longe toute l'agglomération, jusqu'au port.

Moteur du développement de la ville, le port de Las Palmas est l'un des plus importants d'Espagne. Sa situation privilégiée sur la route de l'Atlantique en fait une grande escale internationale, avec un intense trafic tant de passagers que de marchandises. Doté des équipements les plus modernes, c'est aussi le plus important port de pêche de la zone, en raison de la proximité des riches pêcheries africaines. Dominant les installations portuaires, le **Castillo de la Luz** fut construit au 16e s. pour protéger la ville des attaques pirates.

Paseo Cornisa – Pour un dernier regard sur Las Palmas, rendez-vous sur cette avenue qui traverse le quartier moderne d'Escaleritas : elle vous offrira un beau **panorama★** sur Puerto de la Luz et sur Isleta, la presqu'île située au nord des bassins.

LE CŒUR MONTAGNEUX

Plan détachable
Boucle d'env. 190 km sur des routes étroites et sinueuses (fermées en cas de pluie) - comptez une bonne journée.

Jardín Canario★

I1 Au niveau de Tafira Baja, à 7 km au sud de la capitale - ✆ 928 21 95 80 - www.jardincanario.org - 9h-18h - gratuit.

Étagé sur une falaise, ce grand jardin tropical de 27 ha constitue un agréable but de promenade avec ses cascades et ses plans d'eau, ses petits ponts et ses espaces dédiés à la flore autochtone, palmiers, cactées et succulentes, jardin macaronésique ou « jardin caché »... À vocation pédagogique et scientifique, le jardin se soucie particulièrement des espèces endémiques menacées.

Mirador de Bandama★★

I1-2 Accès par Santa Brigida (fléché).

Au sommet du pic de Bandama (569 m), un belvédère donne sur cet énorme cratère volcanique d'1 km de diamètre aux formes intactes, dont le fond est cultivé. Un vaste et beau panorama s'étend au nord sur Tafira, la Montaña de Arucas et Las Palmas, au sud, par delà le cratère, sur le terrain de golf de Las Palmas – le plus ancien d'Espagne – et sur Telde, tandis qu'à l'ouest vous découvrirez le massif intérieur de l'île.

Teror★

H1 À 22 km de Las Palmas.

Allure aristocratique des belles demeures à balcons de bois, majestueuse façade de l'église **Nuestra Señora del Pino** : une étape de charme, assurément. L'intérieur du sanctuaire (18e s.) abrite la statue de la Vierge du Pin, patronne vénérée de l'île, qui serait apparue en 1481 dans les branches d'un pin. Le trésor montre divers manteaux brodés de la Vierge ainsi que de riches présents. Un pèlerinage annuel *(8 sept.)* rassemble, dans une atmosphère extraordinaire, des milliers de Canariens venus à Teror apporter leurs offrandes et chanter leur ferveur. Chaque dimanche se tient dans la ville un marché particulièrement fréquenté (*voir « Shopping », p. 83*). Vous aurez de Teror, serti dans une ample vallée encadrée de pentes douces, une vue d'ensemble depuis le **Mirador de Zamora★**, après Valleseco.

Cruz de Tejeda★★

***H2** À 25 km de Teror.*

À proximité du parador aménagé au col, à 1450 m d'alt., le regard plonge au fond d'une caldera pour découvrir le village de Tejeda. La Cruz de Tejeda, cette « tempête pétrifiée » comme la décrivait le poète Miguel de Unamuno, révèle un paysage tourmenté auquel des necks, ces pointes de lave solidifiée façonnées par les vents et les eaux, confèrent sa singulière physionomie ; ainsi le **Roque Bentaiga** ou le **Roque Nublo**, un monolithe basaltique de 80 m de hauteur que vénéraient les aborigènes canariens.

Au long de la GC 110 vers Artenara, le parcours offre de belles **vues★** sur le village troglodytique de **Juncalillo** : ses habitants vivent dans des grottes, souvent fermées par une façade, formées par une coulée de lave.

Artenara

***H2** À 7 km de Cruz de Tejeda.*

Perché à 1270 m d'alt., ce petit village soigné est le plus haut de l'île. On vit ici dans des **grottes** *(casas cuevas)*, une habitude remontant à la période préhispanique et qui a perduré par-delà la conquête. Le village en compte plus de 350, sur les quelque 2200 de l'île, aujourd'hui dotées de tout le confort ! Le charmant ermitage de la Cuevita, creusé dans la roche, abrite une image de la Vierge à l'Enfant ; **vue★** sur les necks, Tejeda et le Pozo de las Nieves. De l'auberge de la Silla, établie dans une grotte à la sortie du village, **perspective★** intéressante sur le Bentaiga.

Pinar de Tamadaba★★

***GH1** À env. 12 km d'Artenara.*

Cette magnifique pinède tapisse un versant séparé du littoral par un énorme ravin. Après un virage à gauche, allez jusqu'au bout d'un chemin goudronné en suivant l'indication « Zona de acampada », puis marchez 200 m sous les pins pour atteindre le bord du ravin. Là, choc garanti : une **vue★★** tout simplement vertigineuse sur Agaete, Gáldar et le littoral au nord, Tenerife et le Teide à l'ouest !

Pozo de las Nieves★★★

***H2** À 15 km de Cruz de Tejeda.*

De ce sommet (1949 m), parfois enneigé, on embrasse un spectaculaire **panorama★★★**, le plus étendu de toute l'île. Vers le sud, la vue offre d'abord une perspective en plongée sur San Bartolomé de Tirajana avant d'atteindre les dunes de Maspalomas. À l'ouest se détachent les formes singulières du Roque Nublo *(à gauche)* et du Roque Bentaiga *(à droite)* avec, par temps clair, le Teide à l'horizon.

De Tejeda, la GC 60 redescend sur San Bartolomé de Tirajana (voir p. 42) et rejoint la côte sud à Maspalomas.

LE TOUR DE L'ÎLE

Comptez une grosse journée pour effectuer le tour de l'île (boucle d'env. 260 km). Vous pouvez faire étape à Agaete (voir « Se loger », p. 95).

Arucas

***H1** À 14 km de Las Palmas.*
C'est la troisième ville de l'île après Las Palmas et Telde. Des jardins romantiques entourent une demeure fin 19e s., la **Casa de la Marquesa** *(www.jardindelamarquesa.com - 10h-18h, 17h le dim. - gratuit)*. Une petite route partant du flanc gauche de la cathédrale mène au sommet de la **Montaña de Arucas★**, sorte de « pain de sucre » d'où l'on jouit d'un vaste **panorama★** qui s'étend à l'est jusqu'à Las Palmas. Au pied de la montagne, la cathédrale, noirâtre, se détache sur le bourg blanc d'Arucas.

Firgas

***H1** À 7 km d'Arucas.*
Une eau minérale gazeuse consommée dans tout l'archipel y est produite. Près de la plaza de San Roque, où se trouvent l'église et la mairie, le **paseo de Gran Canaria** rend un hommage pittoresque aux municipalités de l'île.

Los Tilos de Moya

***H1** À 10 km de Firgas, près de Moya.*
La route sinueuse court à flanc de montagne. Après Moya *(2 km à gauche)*, un petit bois touffu de lauriers marque la zone protégée de Los Tilos.

Cenobio de Valerón★

***H1** À 14 km de Moya - www.cenobiodevaleron.com -mar.-dim. 10h-17h (18h en été) - 2,50 €.*
Cet ensemble de grottes creusées dans le tuf volcanique et protégées par une chape de basalte occupe un site remarquable dominant un profond ravin. On a longtemps pensé que les Guanches en avaient fait une sorte de monastère *(cenobio)*, où les jeunes filles se préparaient à leur rôle de vierges sacrées. En fait, ces grottes servaient de grenier collectif. Au sommet de la montagne avaient lieu les assemblées *(tagoror)* des chefs.

Galdár

***H1** À 10 km de Cenobio de Valerón.*
Au pied de la montagne du même nom, Gáldar, ancienne cour du roi guanche, le guanarteme, conserve de précieux vestiges de cette civilisation méconnue.
Cueva Pintada – *À 3,5 km à l'ouest de Gáldar - ✆ 928 89 57 46 - www.cuevapintada.org - hiver : mar.-sam. 10h-18 (19h30 en été), dim. et j. fériés 11h-18h (19h en été) - 6 € - gratuit le 1er w.-end. du mois.*Immersion dans la préhistoire de l'île. La Cueva Pintada, découverte en 1881, renferme des **peintures murales★** géométriques dont le symbolisme demeure mystérieux. Des objets guanches y sont exposés.
Necrópolis de la Guancha – *Sur le littoral, à 2 km au nord de Gáldar.* Dans la zone archéologique, des fouilles ont mis au jour les restes d'un village et d'une nécropole composée d'un ensemble de constructions circulaires

Les dunes de Maspalomas sur 250 hectares, un avant-goût de Sahara.
J. P. Degas/hemis.fr

à divisions intérieures, bâties avec de grands blocs de lave, et d'un imposant tumulus.

Cuevas de las Cruces

H1 À 5,5 km de Gáldar.
À mi-chemin de Gáldar et d'Agaete, ces pittoresques cavernes naturelles sont creusées dans le tuf volcanique.

Agaete

G1 À 4 km des Cuevas de las Cruces.
Cette ville blanche d'où partent les ferries pour Santa Cruz de Tenerife s'est établie dans une région fertile : les cultures sous serre grignotent les flancs de la montagne. Ne manquez pas d'y faire un crochet si vous êtes dans le coin un 4 août : la Fiesta de la Rama est l'une des fêtes les plus courues de l'île.

Puerto de las Nieves – Jouxtant Agaete, au bord de l'océan, le petit port de pêche exportait jadis les bananes, quand les liaisons terrestres vers Las Palmas étaient hasardeuses. L'**ermitage** *(lun.-sam. 11h-13h, dim. 9h-11h)* conserve des tableaux flamands du 16e s.

Route de Los Berrazales★ – Au sud-est d'Agaete, elle remonte sur une dizaine de kilomètres l'exubérante **vallée d'Agaete★**, encaissée dans les montagnes et bien abritée.

La route côtière

G1-2 Comptez 1h pour couvrir les 36 km séparant Agaete de San Nicolás de Tolentino.
Spectaculaire, la GC 200 longe jusqu'à Punta de la Aldea une côte extrêmement escarpée et franchit de multiples ravins avant d'arriver à **San Nicolás de Tolentino**, hameau situé dans un large bassin cultivé (canne à sucre, tomates).

Puerto de Mogán★

G3 À 36 km de S. Nicolás de Tolentino.
Après avoir passé Mogán et longé le *barranco* du même nom, vous déboucherez sur ce pittoresque lieu de villégiature, construit autour d'un port de pêche et de plaisance dont le bassin de radoub est toujours actif. La route suit ensuite la côte, tourmentée et de plus en plus urbanisée. On passe Puerto Rico, localité touristique qui déploie ses blocs d'appartements sur les flancs du ravin.

Maspalomas

H3 À 30 km de Puerto de Mogán.
Sur les côtes sablonneuses du sud se concentrent les grands centres touristiques de l'île : Maspalomas, Playa del Inglés et San Agustín. Hôtels, appartements, restaurants, centres commerciaux, discothèques, terrasses de cafés, parcs aquatiques : tout y est conçu pour les loisirs, et les touristes viennent en masse profiter des plages et du climat particulièrement plaisant de la région.
Maspalomas s'est développé autour de sa spectaculaire plage et de ses superbes **dunes★**, dont les 400 ha sont protégés, et que bordent une lagune appréciée des oiseaux migrateurs et une palmeraie.

San Bartolomé de Tirajana★

H2 À 26 km de Maspalomas.
Depuis Maspalomas, la remontée vers San Bartolomé par le ravin *(barranco)* de **Fataga★** est d'une

beauté à couper le souffle. Le mirador Degollada de las Yeguas délivre une vue époustouflante sur les dunes de Maspalomas au sud et toute l'enfilade du canyon au nord. Vous passerez à côté d'Arteara, oasis sertie au fond du ravin (palmiers, amandiers, eucalyptus), puis traverserez Fataga, pittoresque village au milieu des vergers. San Bartolomé est magnifiquement situé dans un cirque montagneux, au pied de hautes falaises grises, sans doute les parois d'un ancien cratère. Au mirador de **Puerto de Cruz Grande**, superbe vue sur les montagnes qui précèdent le Nublo.

Santa Lucía ***H2*** – *À 29 km de San Bartolomé de Tirajana.* Si vous vous intéressez à la culture guanche, arrêtez-vous un instant au **Museo de la Fortaleza** *(9h30-15h - fermé jeu. ou sam. selon les semaines - 2 €)*; ce castillo créé à la fin des années 1940 dans un style néomédiéval présente des objets découverts, à l'est, dans une colline à laquelle l'érosion a donné l'allure d'une forteresse.

Ingenio ***I2*** – *À 22 km de Santa Lucia.* Centre traditionnel de broderie.

Cuatro Puertas

I2 *À 9 km d'Ingenio - à l'écart de la route, 500 m à pied. Accès libre.*

Dans la grotte, qui possède quatre ouvertures, se réunissaient les aborigènes. La face orientale de la montagne est criblée de grottes où ceux-ci embaumaient leurs morts. Belle vue jusqu'à l'océan.

Telde

I2 *À 6 km de Cuatro Puertas.*

Comme Gáldar *(voir p. 40)*, Telde fut une capitale des aborigènes canariens. Dans la partie basse de la ville, l'église San Juan Bautista, fondée au 15e s. et reconstruite aux 17e et 18e s., conserve un retable flamand sculpté (16e s.) illustrant la Vie de la Vierge. Le Christ situé au-dessus est une œuvre mexicaine réalisée dans une pâte très légère à base de maïs et de roseaux.

La calle Inés Chimida, qui part de l'église, mène au paisible quartier San Francisco, imprégné d'une atmosphère séculaire; dans ses étroites rues pavées, derrière ses façades chaulées, vivaient les artisans et les hommes libres sans fortune.

Il reste 20 km à parcourir pour rejoindre Las Palmas de Gran Canaria.

Lanzarote★★★

Lanzarote est la plus originale des îles Canaries avec ses fascinants paysages de laves noires constellés d'oasis de verdure et de cultures, caressés par des eaux d'un bleu intense… Mariage choc des couleurs et des textures sur une île qui, même si elle reste très visitée, a su préserver du développement touristique son cadre naturel. Vous y reconnaîtrez partout la main de César Manrique qui a fait de Lanzarote un hymne à la nature et à l'art mêlés.

▶**Accès :** L'aéroport, à 5 km au sud de la capitale, et le port d'Arrecife relient Lanzarote au reste de l'archipel. Fréquentes navettes pour Fuerteventura depuis Playa Blanca.

Plan détachable JK1-2.

▶**Conseil :** Les transports publics n'étant pas adaptés à la visite touristique, louez un véhicule et comptez 2 j. pour découvrir l'île.

Classée réserve de Biosphère par l'Unesco depuis 1993, Lanzarote veille avec un soin jaloux sur son patrimoine naturel. Elle se montre désireuse d'accueillir les visiteurs tout en évitant les écueils d'une fréquentation touristique excessive : l'île maintient des normes très strictes en matière d'environnement, les sites sont fléchés, les routes impeccablement entretenues, vous ne pourrez pas vous perdre – ce qui, du coup, ménage peu de possibilités de s'éloigner des sentiers balisés. Mais l'on comprend ce souci de garder intacts ces paysages exceptionnels : façonnés par un volcanisme « jeune » – moins de 300 ans –, ils n'ont nulle part au monde leur équivalent.

ARRECIFE

K2 Établi sur une côte jonchée de récifs – d'où son nom –, le chef-lieu de Lanzarote était jadis défendu côté océan par le **Castillo San Gabriel** (16e s.), édifié sur un îlot et relié à la ville par deux ponts, dont un pont-levis, le puente de las Bolas.
Arrecife (58 156 hab.), dont le cœur historique se prête à la flânerie, s'est dotée d'une agréable promenade en front de mer. L'ancien kiosque à musique abrite l'office de tourisme ; non loin s'ouvre la rue piétonne commerçante **León y Castillo**. À l'est de celle-ci, l'église **San Ginés** à la belle charpente de bois domine un lacis d'adorables ruelles pavées autour de la **Recova** *(lun.-vend. 9h-14h)*, l'ancien marché municipal. Chaque samedi se tient entre l'église et la calle León y Castillo un *mercado artesanal (10h-14h)*. Bars et restaurants populaires bordent une pittoresque lagune dont le niveau varie avec les marées, le **Charco de San Ginés**, où les pêcheurs ancrent leurs barques.

Guatiza, le jardin de cactus.
S. Lemaire/hemis.fr

Au nord de la ville, derrière les installations portuaires, s'élève sur un petit promontoire le Castillo de San José (18e s.), restauré par César Manrique et transformé en **musée international d'Art contemporain★** *(av. de Naos s/n - ✆ 928 81 23 21 - 10h-20h - 4 €)*. Il expose essentiellement des œuvres d'art abstrait des années 1950 à 1980 (sculptures, peintures, travaux de Tàpies, Manrique, Pancho Lasso entre autres). Une salle en sous-sol abrite des expositions temporaires. Depuis sa cafétéria-restaurant *(13h-16h et 19h30-23h30)*, vous aurez une belle vue sur Puerto de Naos (le port) et, à gauche, sur le quai dit « Muelle de Los Mármoles ». Pour voir le soleil se coucher sur fond de volcans, rendez-vous sur la **playa del Reducto**, à l'ouest du front de mer.

LA ROUTE DES VOLCANS : PARQUE DE TIMANFAYA★★★

J2 À 35 km d'Arrecife, entre Yaiza et Tinajo - ✆ 928 17 31 05 - 9h-17h45 (18h45 en été) - 9 €. Parcours obligatoire en car inclus dans le billet (dernier bus 1h avant la fermeture du parc). Carte des sentiers cyclables et pédestres dans les offices de tourisme.

Centro de Visitantes de Mancha Blanca – *6 km avant l'entrée du parc en venant de Tinajo - 9h-17h - gratuit.* Passez-y avant d'entrer dans le parc national de Timanfaya proprement dit : simulation d'une éruption, panneaux explicatifs sur le volcanisme dans l'archipel ainsi qu'une présentation géologique et environnementale de l'île.

Montañas de Fuego – Les autocars du parc vous emmèneront sur la **route des Volcans**, sillonnant sur 14 km à travers les champs de lave et livrant d'extraordinaires points de vue sur la région au milieu des cratères. Par endroits, la vue porte jusqu'à la mer au-delà des coulées refroidies et des cratères. Elle traverse la vallée de la Tranquillité, tapissée de cendres ; dans l'inhospitalière solitude de ces montagnes, seuls les lichens et quelques touffes de graminées apportent une touche de vie.

Les Montagnes de Feu constituent le noyau central du massif surgi lors des éruptions volcaniques de 1730-1736, puis de 1824, qui émerge, tantôt rougeâtre, tantôt noirâtre, d'un univers de désolation. Cataclysmique, le déluge de feu avait alors enseveli un quart de l'île.

Si les volcans sont endormis depuis près de deux siècles, leurs entrailles sont encore en feu. À l'**Islote de Hilario**, vous assisterez à de surprenantes expériences : engagés dans une crevasse de moins de 1,50 m de profondeur, des branchages s'enflamment ; quant à l'eau que l'on verse dans un tuyau enfoncé dans la lave, elle fuse immédiatement en vapeur, tant la température du sous-sol est élevée (140 °C à 10 cm, plus de 400 °C à 6 m). Du restaurant-mirador El Diablo, dont les cuisines utilisent l'énergie géothermique, belles vues sur le spectaculaire paysage environnant.

Ruta de Camellos – À 5 km au nord de Yaiza, les dromadaires, jadis introduits dans l'île pour aider aux travaux agricoles, attendent les amateurs au bord de la route pour une petite promenade à flanc de montagne : belle vue sur le cratère.

LA CÔTE OUEST : AUTOUR D'EL GOLFO★★

J2 À 33 km d'Arrecife. C'est en fin d'apr.-midi que vous bénéficierez des meilleurs éclairages.

Les restaurants de poisson qui s'alignent face à l'Atlantique dans le *pueblito* d'El Golfo incitent à y faire une halte au déjeuner. À l'entrée du village, un sentier pédestre conduit vers un point de vue sur le **Lago Verde** dont les eaux, verdies par une importante concentration de phytoplancton, sont retenues par un banc de sable au creux d'un ancien cratère effondré : décor fantastique de la falaise de tuf noir rongée par l'érosion.

En suivant la côte vers le sud, vous arriverez à **Los Hervideros**, où l'érosion combinée avec le rapide refroidissement des laves par la mer a engendré la morphologie particulière de la roche.

Plus au sud encore, la route contourne les **Salinas de Janubio**★ : la mer s'est réfugiée ici dans un ancien cratère. Autre lieu propre à séduire esthètes et photographes, les salines – les plus grandes de l'île, en activité depuis la fin du 19e s. – se placent sous le règne des contrastes : chromatique avec le blanc lumineux des tas de sel se détachant sur le bleu profond du lac, mais aussi géométrique, le quadrillage des salines s'inscrivant dans le demi-cercle du lac.

LA GERIA★★

J2 Traversée par la LZ 30, la vallée de la Geria s'étire de Yaiza à Mozaga.

La route traverse une vaste étendue couverte de cendres volcaniques et constellée d'alvéoles, les *zocos*, qui composent un paysage insolite. Des milliers de murets de pierre sèche disposés en arc de cercle,

César Manrique (1919-1992)

Impossible de visiter Lanzarote sans (re)découvrir l'œuvre de César Manrique, le génial enfant d'Arrecife : les deux noms sont indissociables. Peintre, sculpteur, architecte, l'artiste a mis ses multiples talents au service du développement touristique de son île natale – pour mieux en prévenir les dérives. Promoteur de la réglementation destinée à freiner la spéculation immobilière et la croissance urbaine, il entendait ainsi éviter les néfastes conséquences d'un développement incontrôlé. Son idée maîtresse, celle d'une intégration harmonieuse de l'art et de la nature, a trouvé écho dans les sept centres d'Art, Culture et Tourisme qu'il a réalisés pour le Conseil insulaire : le musée d'Art contemporain Castillo de San José, le restaurant El Diablo dans le Parc naturel de Timanfaya, la maison-musée et le monument au Paysan, la Cueva de Los Verdes, les Jameos del Agua, le Mirador del Río et le Jardín de Cactus. Avec la Fondation César Manrique, ces lieux témoignent de l'amour que portait l'artiste à son île et de sa préoccupation pour la conservation du patrimoine naturel de Lanzarote.

photogéniques en diable au printemps, lorsque des myriades de touches vert acide ponctuent les champs noirâtres. Chacun protège des alizés soufflant du nord-est là un figuier, ici un cep de vigne. Et Lanzarote produit grâce à ces derniers un excellent malvoisie blanc, léger et parfumé. Les vendanges, très précoces en raison du climat, ont lieu dès la fin juillet. Partout dans l'île on verra, répandue sur chaque champ par les paysans, une épaisse couche de lapilli (fragments de lave nommés *picón* aux Canaries) qui ont la particularité de retenir l'humidité de l'air, dans une île où il ne pleut pour ainsi dire jamais. Les *bodegas* (caves de dégustation) se succèdent le long de la route; certaines, comme la Bodega La Geria, ouvrent leurs installations à la visite (*voir « Shopping », p. 86*).

Museo del Vino El Grifo

K2 *C/ El Islote 121 - San Bartolomé - 928 52 49 51 - www.elgrifo.com - 10h30-18h - 6 € - Visite guidée et dégustation sur réserv. à 11h, 13h, 16h et 17h. Boutique.*

Les caves El Grifo, les plus anciennes de Lanzarote, remontent au 18e s. Elles ont été transformées en musée où l'on vous expliquera les méthodes traditionnelles d'élaboration du vin. On y voit l'atelier dans lequel on fabriquait les barriques, avec les outils d'antan.

Museo Etnográfico Tanit

K2 *C/ Constitución 1 - San Bartolomé - 928 52 06 55 - www.museotanit.com - 10h-14h sf dim. - 6 €.*

Joliment installé dans les caves d'une demeure traditionnelle, le petit musée ethnographique Tanit fait revivre le souvenir des premiers habitants de l'île (statuettes) et des paysans des siècles passés (costumes, outils, pressoir).

Monumento al Campesino

K2 *À la jonction de la LZ 20 et LZ 30.*

À l'entrée de Mozaga, au centre de l'île, se dresse le monument au Paysan de Lanzarote, également appelé Monumento a la Fecundidad. Les lignes futuristes de ce monumental hommage conçu par Manrique sont celles des réservoirs d'eau que les pêcheurs emmenaient jadis sur leurs barques. À côté, la Casa-Museo (*928 52 01 36 - 10h-18h - gratuit*) témoigne de l'architecture traditionnelle de l'île.

Museo Agrícola El Patio★

K2 *Tiagua- 928 52 91 34 - www.museoelpatio.com - lun.-vend. 10h-17h30, sam. 10h-14h30 - 5 € - Boutique.*

Installées dans une exploitation agricole ancestrale mais toujours en activité, avec un réel souci de faire perdurer la culture et les traditions de Lanzarote, les collections ethnographiques ressuscitent la culture et la vie paysanne d'antan. Les animaux de la ferme vont et viennent librement dans le domaine. Une dégustation de malvoisie dans la *bodega* est comprise dans le billet.

FUNDACIÓN CÉSAR MANRIQUE★

K2 *Taro de Tahíche (à 7 km d'Arrecife) - 928 84 31 38 - www.fcmanrique.org - 10h-18h - 8 €.*

El Golfo, le village. P. Frilet/hemis.fr

L'artiste fit construire sur une coulée de lave, en 1968, une maison aussi originale que lui : reprenant les éléments de l'architecture *conejera*, l'édifice est bâti au-dessus et à l'intérieur de cinq bulles volcaniques formées lors des éruptions du 18e s. et reliées par des couloirs percés dans la roche basaltique. Sa maison montre, dans sa structure même, combien Manrique était attaché à la fusion entre art et nature. La fondation qui occupe les lieux présente, dans le surprenant espace habitable, les œuvres de l'artiste et sa collection personnelle d'art contemporain : Joan Miró, Picasso, Antoni Tàpies, Mompó, José Guerrero, Martín Chirino, Eduardo Chillida, etc.

LA POINTE NORD DE L'ÎLE

Jardín de Cactus★

K2 Guatiza, à 17 km d'Arrecife - ✆ 928 52 93 97 - 10h-17h45 (9h en été) - 5,50 € - Cafétéria.

En boules, en candélabres, de la taille d'un poing ou d'un arbre : leur variété défie l'imagination. Conçu avec un profond sens esthétique, le jardin, dernière création paysagère de Manrique, occupe une ancienne carrière aménagée en terrasses. Autour d'un vieux moulin à *gofio* restauré, il présente 1400 espèces distinctes venues des Canaries, de Madagascar et du Mexique.

Dans cette région où pousse le figuier de Barbarie, on élève la **cochenille**, petit insecte dont on extrait un colorant rouge jadis très apprécié pour les teintures et aujourd'hui utilisé dans les industries cosmétique et agro-alimentaire.

Cueva de los Verdes★★★

K1 À 10 km de Guatiza - ✆ 928 84 84 84 - 10h-18h (19h en été) ; dernière visite 1h avant la fermeture - 9 €.

Au pied du volcan Corona, le sous-sol de l'île est parcouru de galeries où les Guanches trouvaient refuge lors des incursions des pirates ou des chasseurs d'esclaves. La Cueva de los Verdes est formée d'un ensemble de **tubes volcaniques**, un phénomène géologique bien particulier : lorsque la coulée de lave se refroidit au contact de l'air, se forme à sa surface une épaisse croûte de basalte au-dessous de laquelle le magma en fusion continue à circuler ; chaque nouvelle coulée s'épanche sur la précédente, d'où la superposition des galeries. Celles de la Cueva de los Verdes auraient env. 5000 ans et se poursuivent jusqu'à la côte, sur 7 km. Dans ces souterrains fantasmagoriques, dont l'éclairage met en valeur couleurs et formes, on passe d'un étage à l'autre, sur 2 km. Une des galeries les plus spacieuses sert d'auditorium (*voir « Sortir », p. 89*).

Jameos del Agua★

K1 À 2 km de la Cueva de los Verdes - ✆ 928 84 80 24 - 10h-18h30 (sam. 22h30, 0h30 en été) - 9 €.

On se trouve là à l'extrémité du tube volcanique formé par le Corona. Dessiné par Manrique sur deux *jameos* – ces creux qui se forment quand s'effondre le plafond d'une galerie volcanique –, ce joli complexe comprend restaurant, bar, piste de danse et auditorium (*voir « Sortir », p. 89*). Dans le lac naturel qui occupe le fond de la grotte, une espèce millénaire de petit crabe albinos et aveugle est restée prisonnière ; le lac, sous le niveau de la mer, est alimenté par les eaux d'infiltration. La très didactique **Casa de los volcanes**, dans la partie supérieure, raconte la formation géologique de l'île.

Mirador del Río★★

K1 *Accès par Haria, à 30 km d'Arrecife - ✆ 928 52 65 48 - 10h-18h (19h en été) - 4,50 €.*
Tout au nord de l'île, le belvédère (475 m d'alt.), magnifiquement intégré dans une enclave de la falaise des Riscos de Famara, offre un superbe **panorama**★★ : au-delà du bras de mer (El Río) turquoise et des salines, vous apercevrez **La Graciosa** et les îlots inhabités de Alegranza, Montaña Clara, Roque del Oeste et Roque del Este, qui constituent l'**archipel de Chinijo**.

Orzola

K1 *À 37 km d'Arrecife.*
Pour rejoindre Orzola, le village le plus septentrional de Lanzarote, la route côtière traverse le Malpaís de la Corona dont les laves laissent place çà et là à d'étonnantes dunes de sable saharien. De la petite plage de sable blanc de **Mojón Blanco** *(env. 500 m après le village)*, vous verrez émerger les grands rochers de Punta Fariones.
La Graciosa – D'Orzola, un bateau assure 3 liaisons/j avec Caleta del Sebo, le port de La Graciosa *(trajet : 15mn)*. Eaux cristallines, longues plages désertes de sable blanc vous feront oublier le temps d'une excursion les laves noires de Lanzarote.

LA CÔTE SUD-EST

C'est dans la région du Rubicón que Béthencourt s'était établi. Seule une vieille tour au bord de la falaise, le castillo de Las Coronadas, rappelle ces premières heures de la conquête.
Playa Blanca ***J2*** – *39 km d'Arrecife.* Principale voie d'accès maritime à Lanzarote, c'est l'une des trois grandes stations balnéaires de l'île. Elle tend à perdre de son cachet à mesure que les complexes résidentiels envahissent la côte sud. Elle dispose néanmoins d'une jolie plage de sable doré à l'est et des navettes régulières font l'aller-retour avec Fuerteventura *(30mn de mer)*.
Punta del Papagayo★ ***J2*** – *Accès par une piste dans la zone protégée de Los Ajaches - 8h-17h - 3 €/voiture.* Un ensemble de criques rocheuses paradisiaques qui dégagent de jolies vues sur Playa Blanca, la isla de los Lobos et les côtes de Fuerteventura :
Puerto del Carmen ***J2*** – En remontant vers le nord, le littoral acccueille les autres stations balnéaires de l'île : le très select **Puerto Calero** *(23 km de Playa Blanca)*, où viennent mouiller les yachts, et le plus populaire **Puerto del Carmen** *(15 km d'Arrecife)*, dont le front de mer étire sur plusieurs kilomètres appart-hôtels, chaînes de restauration rapide et galeries marchandes. Amateurs de sports nautiques, vous y trouverez sans difficulté location de matériels et cours pour pratiquer kayak de mer, windsurf, plongée.

Fuerteventura

Peu de chose à voir sur ses terres désolées mais beaucoup à y faire, surtout pour les amateurs de glisse que séduiront son climat doux, ses vents réguliers et ses eaux turquoise dociles. À la différence de ses voisines, Fuerteventura possède un littoral plat que frangent d'immenses plages de sable blanc. Dans l'intérieur, des troupeaux de chèvres paissent sur des étendues désertiques, et, seules à troubler le silence, les éoliennes puisent dans le sous-sol l'eau indispensable aux cultures : un régal pour qui aime la solitude des grands espaces et les racines paysannes.

▶**Accès :** Les ferries venant de Gran Canaria débarquent à Morro Jable ou Puerto del Rosario. Les navettes maritimes de Lanzarote arrivent à Corralejo.
Plan détachable LM1-2.
▶**Conseil :** Comptez 2 j. pour un tour complet de l'île ; voiture indispensable, notamment pour Betancuria et le centre, mal desservis par les transports publics.

PUERTO DEL ROSARIO

M1 Ce gros bourg endormi (35 702 hab.) sera surtout une base pour explorer l'île. Quelques sculptures figuratives ou abstraites sur le front de mer et dans la calle León y Castillo, autour de l'église **Nuestra Señora del Rosario**, constitueront l'essentiel de votre visite. Le **Centro de Arte Juan Ismael** *(C/ Almirante Lallermand 30 - mar.-sam. 9h-13h, 17h-21h - ✆ 928 85 97 50)* organise des expos d'art contemporain. L'écrivain Miguel de Unamuno, qui dénonçait la situation poiltique de l'Espagne, vécut là son exil politique (1924), dans une demeure du 19e s. convertie en musée *(Casa-Museo Unamuno - C/ de la Virgen del Rosario 11 - lun.-vend. 9h-14 - gratuit)*. Le samedi, un *mercado agrario (9h-14h)* vend artisanat et produits bio de l'île au-dessus de la gare routière.

Au sud de Puerto del Rosario, on se baigne sur la longue **Playa Blanca**.

LE NORD DE L'ÎLE

M1 Des pistes cyclables doublent les axes routiers entre El Cotillo, La Oliva, Corralejo et Puerto del Rosario.

Ecomuseo de La Alcogida – *À 21 km de Puerto del Rosario, à la sortie de Tefía - ✆ 928 17 54 34 - mar.-sam. 10h-18h - 5 €.* Il met en scène le passé agricole et les traditions artisanales de l'île au travers de sept maisonnettes paysannes.

Montaña de Tindaya – *À 10 km de Tefía.* La montagne, sacrée pour les aborigènes, conserve à son sommet plus de 300 gravures rupestres dites podomorphes, des empreintes de pieds tournés vers l'ouest. L'endroit fait l'objet d'un projet controversé initié par l'artiste Eduardo Chillida (1924-2002) :

El Cotillo.
P. Alix/Iconotec/Photononstop

l'élévation d'un monument à la tolérance, un cube de 50 m de côté creusé dans la montagne.

La Oliva

M1 *À 8 km de Tindaya.*

De l'église, un chemin conduit à la **Casa de los Coroneles** *(www.lacasadeloscoroneles.org - mar.-sam. 10h-18h - 3 €)*, l'ancienne demeure des gouverneurs de l'île (18e s.), flanquée de deux tours crénelées et parée de balcons de bois. Non loin, sur la droite, voyez la **Casa del Capellán**, minuscule maison à deux toitures dans un enclos de pierre sèche : la porte et la fenêtre s'ornent de motifs semblables à ceux de l'église de Pájara *(voir plus loin).* Rappelant que l'île, jadis fertile, servit longtemps de grenier pour le reste de l'archipel, **La Cilla Museo del Grano** *(mar.-sam. 10h-18h - 1,50 €)*, établie dans un ancien entrepôt à grains (1819), explique les modes de culture anciens en liaison avec le climat.

El Cotillo

M1 *À 15 km de La Oliva.*

Paisible lieu de villégiature pour les amoureux de calme et de nature sauvage, l'ancien hameau de pêcheurs remise ses barques dans un petit port que domine le **Castillo del Roque**, (18e s.). Les roches de basalte s'avançant dans la mer gênent la baignade mais rendent la côte très photogénique. Le petit musée du **phare de Tostón** (19e s.) raconte les méthodes de pêche d'antan.

Corralejo

M1 *À 32 km de Puerto del Rosario, 16 km de La Oliva. Ferries fréquents pour Playa Blanca (Lanzarote).*

À la pointe de l'île, au-delà du *malpaís*, c'est la grande station balnéaire du nord de Fuerteventura. Malgré son front de mer tourné vers les volcans de Lanzarote, la ville, dédiée au farniente et aux sports nautiques, n'offre guère de charme.

Dunas de Corralejo★ – Aux portes de Corralejo commence une spectaculaire zone dunaire de 9 km de longueur qui s'affaisse en de longues plages dorées baignées d'eaux limpides.

Isla de Los Lobos – Au-delà du détroit de la Bocaina, l'île, accessible par bateau *(www.excursionesmaritimaslobos.com - 15 €)* est protégée comme réserve marine. Autrefois paradis des phoques (que la population locale nommait *lobos*, loups de mer), elle est devenue celui des plongeurs. Des embarcations à fond de verre permettent aux moins téméraires d'en apprécier les fonds.

LE CENTRE DE L'ÎLE

Plusieurs belvédères jalonnent la route qui grimpe en lacets serrés à partir de Llanos de la Concepción, dégageant des panoramas sur la côte ouest. Au **Mirador de Morro Velosa** *(mar.-sam. 10h-18h - 3 € - restaurant)*, belle vue du centre de l'île que parcourt un réseau dense de sentiers balisés.

Betancuria★

M1 *À 28 km de Puerto del Rosario.*

Ce bourg paisible fut l'une des premières villes fondées par les Européens aux Canaries. Jean de Béthencourt avait choisi en 1404 ce vallon verdoyant dissimulé au cœur des montagnes pour en faire sa capitale, statut que la localité conserva jusqu'au 19e s. Betancuria a gardé un certain cachet colonial et une église ornée d'un balcon de bois, **Santa María la Antigua** (16e s.) *(10h-16h sf dim.)* dont la sacristie est surmontée d'un joli plafond *artesonado*. À la sortie sud du village, un petit **Musée archéologique** *(C/ Roberto Roldán 1 - ✆ 928 87 82 41 - mar.-sam. 10h-18h - 2 €)* présente quelques objets guanches.

Pájara

M2 *À 16 km de Betancuria. Pour la photo, meilleure lumière l'apr.-midi.*
Le portail de l'église est sculpté de bas-reliefs rappelant étrangement les motifs aztèques : têtes couronnées de plumes, pumas, serpents enroulés, soleils.
Tiscamanita – *À 11 km de Pájara.* Dans une demeure du 19e s., à côté d'un moulin, le **Centro de Interpretación de los Molinos** rappelle l'histoire des moulins de Fuerteventura.
Antigua – *À 9 km de Tiscamanita.* Au **Centro de Artesanía Molino**, un moulin entouré d'un jardin de cactées et de palmiers, centre d'info sur l'île et petite boutique d'artisanat.

Salinas del Carmen

M2 *À 46 km de Puerto del Rosario.*
L'histoire du sel et de ses usages comme monnaie ou comme condiment sont exposés au **Museo de la Sal** *(✆ 928 17 49 26 - mar.-sam. 10h-18h - 5 €).*

PENÍNSULA DE JANDÍA

L2 *À 31 km de Gran Tarajal.*
Proche de l'Afrique, Fuerteventura n'en partage pas seulement le climat : elle en reçoit aussi le sable qui la borde d'un chapelet de plages interminables, et grâce auquel les deux îles qui la composaient à l'origine (Maxorata et Jandía) furent reliées par un isthme, El Jable. Le couloir très poissonneux qui la sépare de l'Afrique attire également les amateurs de pêche de haute mer.
Plages de Sotavento – Au sud de Costa Calma se succèdent les longues et belles plages de sable blanc de la côte sous le vent (Sotavento) où l'on pratique windsurf et kitesurf (playa de la Barca). Les éoliennes qui coiffent les sommets alentour en témoignent : ici, les vents soufflent constamment.
Morro Jable – *À 54 km de Gran Tarajal.* À l'extrême sud de l'île, cette grosse station balnéaire vouée au tourisme de masse se résume à une succession de centres commerciaux et de complexes hôteliers démesurés. Il est vrai que les eaux turquoise de Jandía ont de quoi séduire…
Faro de Jandía – De Morro Jable, une piste carrossable traverse un paysage minéral où seuls des lichens orangés et de rares épineux jettent quelques touches de couleur. Après env. 10 km, la branche de gauche débouche sur le phare de Jandía, à la pointe de l'île ; celle de droite, passant par le mirador de la Degollada Agua Oveja (panorama sur les côtes sud et ouest), redescend vers les plages sauvages de **Cofete** qui ourlent la côte au vent (Barlovento). Littoral accidenté, forts rouleaux y rendent la baignade dangereuse mais les surfeurs se régalent.

La Palma★

Sources et ruisseaux abondent à La Palma plus que dans le reste de l'archipel. Sa végétation exhubérante – bois de lauriers sauvages, pinèdes, plantations de bananiers – lui a valu le surnom d'« île Verte » ou de « Belle Île » (« Isla Bonita »). Les amoureux de la nature adoreront cette île tranquille, bien moins visitée que ses voisines. Dans la capitale, le cours du temps semble parfois s'être figé au 16e s.

▶**Accès :** L'aéroport de Santa Cruz de la Palma assure des vols internationaux et locaux. La capitale est reliée par bateau à La Gomera, Tenerife et Gran Canaria.
Plan détachable AB1-2.
▶**Conseil :** Comptez 1 j. de randonnée dans la Caldera de Taburiente et 2 j. pour explorer les routes du nord et du sud.

SANTA CRUZ DE LA PALMA

B1 *Peu étendue, la capitale se visite à pied, en 2 ou 3h.*
Pleine de charme avec son architecture coloniale préservée, la paisible petite ville (17 128 hab.) s'étend au long d'une promenade maritime bordée d'élégantes façades à balcons de bois; ses ruelles pavées grimpent sur les premières hauteurs d'un cratère érodé, la Caldereta, qui forme une vertigineuse falaise. C'est à son pied que le conquistador castillan Fernández de Lugo fonda, en 1493, le chef-lieu de l'île. Grâce à l'exportation du sucre de canne et à la construction navale, Santa Cruz était au 16e s. un des plus grands ports espagnols.
Casco Histórico – Le cœur historique de la cité se développe à l'est du port et de la **Plaza de España**, une place à trois niveaux où s'enchâssent plusieurs édifices Renaissance. L'église El Salvador (16e s.) possède de remarquables **plafonds artesonados★** aux entrelacs mudéjars et, dans la sacristie, une élégante voûte gothique. En face s'élèvent la mairie du 16e s. et une succession de maisons de style colonial. De la place, montez à la charmante **plaza de Santo Domingo** : la chapelle de l'ancien couvent, contiguë à une école, abrite de beaux autels baroques. Le Teatro Circo de Marte (*voir « Sortir », p. 89*) se trouve en face.
De vénérables façades en pierre de taille veillent sur la **calle O'Daly**, comme celles de la Casa Arce Rojas (*n° 42*) ou du **Palacio Salazar** (*n° 22 - expos et projections*). Cette rue piétonne parallèle à la mer, tout comme la **calle Pérez de Brito**, accueille les maisons nobles ou bourgeoises de la ville, construites du 18e s. au début du 20e s. par les Indianos de retour sur l'île une fois fortune faite à Cuba ou au Venezuela.

La promenade maritime bordée d'élégantes façades à balcons de bois.

Les ruelles (très) pentues qui en partent sont bordées, notamment autour de l'ermitage de **San Sebastián**, de maisonnettes plus humbles, charmantes avec leurs tuiles anciennes sur lesquelles prospèrent graminées et succulentes.

Museo Insular – *Plaza de San Francisco 3 - ☏ 922 42 05 58 - lun.-sam. 10h-19h30, dim. 10h-14h (sf en été) - 4 €.* Ses collections hétéroclites (ethnographie, sciences naturelles, peinture) occupent le cloître et l'étage du couvent (16e s.) attenant à l'église franciscaine.

Museo Naval – *Plaza la Alameda - ☏ 922 41 65 50 - lun.-vend. 10h-15h - 3 €.* Cartes nautiques et instruments anciens de navigation sont présentés dans les cales et l'entrepont d'une réplique de la *Santa María*, l'une des trois caravelles avec lesquelles Christophe Colomb partit à la découverte du Nouveau Monde. Ce vaisseau accueille tous les 5 ans (2015, 2020) les *fiestas de la Bajada de la Virgen*.

CALDERA DE TABURIENTE★★★

AB1 **Centre d'accueil du Parc** – *à El Paso - Ctra General de Padrón, nº 47 - ☏ 922 92 22 80 - www.parquesnacionalesdecanarias.com - 9h-18h* Vestige d'un stratovolcan effondré, vieux de deux millions d'années, la caldera forme un amphithéâtre naturel de 7 km de diamètre ; elle s'ouvre sur le Barranco de Las Angustias qui descend jusqu'à Tazacorte, sur la côte ouest. Le fond de la caldera se situe entre 500 et 800 m d'alt., ses rebords culminant au Roque de Los Muchachos, le point le plus élevé de l'île. De nombreuses sources donnent naissance aux torrents qui dévalent les pentes ou cascadent à mi-hauteur des falaises. Des mers de nuages, souvent prisonnières de ces murailles basaltiques, contribuent à arroser l'abondante végétation d'altitude et les pins canariens qui poussent sur leurs flancs abrupts. L'ensemble du domaine est classé Parc national.

Roque de Los Muchachos★★★

A1 *À env. 50 km de Santa Cruz et env. 40 km de Puntagorda. Route d'altitude sinueuse à emprunter le matin, avant la montée des nuages. En toute saison, prévoyez un pull.* Serpentant parmi les lauriers et les pins, la route – quand elle n'est pas fermée pour cause de neige ou de verglas, fréquent en hiver – délivre des vues étendues et grimpe à 2 426 m d'alt. jusqu'à l'un des observatoires d'astrophysique les plus importants du monde *(visite sur réserv. - ☏ 922 43 41 16 - http://orm.astrocamp.es - 9 €)*. Du sommet, impressionnant **panorama**★★★ : au sud, la Caldera, Los Llanos de Aridane, le système montagneux de La Palma et l'île de El Hierro ; à l'est, le Teide (Tenerife) et l'île de La Gomera.

La Cumbrecita

B1 *À 30 km de Santa Cruz et 13 km de Los Llanos de Aridane. Point d'info (8h30 -18h30 (20h de mai à sept.) à la jonction de la LP 3 et de la LP 302 qui monte aux miradors ; rens. sur les sentiers balisés et les conditions météo (indispensable avant d'entreprendre une randonnée).*

Traversant la pinède sur 6 km, la route parvient au **col de La Cumbrecita** (1833 m d'alt.). De là, on gagne à pied le **Lomo de las Chozas** *(1 km, sentier pédestre)*, qui livre un **panorama★★★** prodigieux sur les profondeurs de la Caldera de Taburiente, couverte de pins canariens touffus et couronnée de très hautes cimes roses ; parmi elles, vous reconnaîtrez le Roque de los Muchachos, en face, et le Pico de Nieve (2239 m), sur la droite. Au centre se dresse une échine au profil aigu, d'où se détache un petit rocher pointu, le Roque de Idafe, qui était pour les Guanches un objet d'adoration. On y a retrouvé, entre 1200 et 1600 m d'alt., de nombreux pétroglyphes.

L'ÎLE D'EST EN OUEST

En sortant de Santa Cruz par le sud, vous passerez par le **Mirador de La Concepción★** : du bord de la Caldereta, **vue plongeante★** sur la capitale de l'île, son port et les montagnes.

San Pedro (Breña Alta)

B1 *À 11 km de Santa Cruz de La Palma.*
Les Palmeros utilisent souvent le nom du *municipio* (Breña Alta) pour désigner le village de San Pedro et les indications routières alternent volontiers les deux... La région cultive le tabac depuis le 18e s. ; à la **finca El Sitio** *(à Los Llanitos, prendre à droite vers San Isidro - ✆ 922 43 52 27 - www.fincatabaqueraelsitio.info - lun.-vend. 9h-13h)*, vous découvrirez les étapes de sa culture, de son séchage à l'élaboration des *puros* (cigares).

Entre San Pedro et El Paso, au **Centro de Visitantes**, *accès au Parque nacional de la Caldera de Taburiente.*

El Paso

A2 *À 15 km de San Pedro.*
Taller de las Hilanderas (Musée de la Soie) – *C/ Manuel Taño 4 - ✆ 922 48 56 31 - www.lashilanderaselpaso.com - lun.-vend. 10h-13h, mar. et jeu. 17h-19h - 2,50 €.* La soie y est encore filée et tissée selon les procédés en vigueur à l'époque coloniale. Importée de Chine par les Espagnols au 16e s. et particulièrement florissante pendant les deux siècles qui suivirent, la sériciculture (élevage des vers à soie) n'aura plus de secrets pour vous.
voir aussi « Shopping », p. 87.

Los Llanos de Aridane

A1 *À 4 km d'El Paso.*
La seconde ville de l'île, fort modeste au demeurant malgré son poids économique, s'étale dans une plaine couverte de bananiers et d'avocatiers ; leur culture a remplacé celle de la canne à sucre, introduite au 16e s. et jadis moteur de la prospérité de la région.
Foro de Arte Contemporáneo (CEMFAC) – L'art sort du musée pour s'exposer en pleine ville : belle initiative que celle du Cemfac, avec ces fresques murales qui prennent possession des façades, ces sculptures et installations qui occupent places et trottoirs du centre historique piétonnier, autour de la Plaza de España.
Museo Arqueológico Benahorita – *C/ de las Adelfas 1 - ✆ 922 46 46 09 - lun.-sam. 9h-20h, dim. 10h-14h - 4 €.*

Ce massif bâtiment circulaire aux lignes contemporaines retrace ce que l'on sait des Benahorita, les aborigènes guanches de La Palma : les lieux où ils vivaient, la façon dont ils tiraient parti des ressources locales, leurs rites magico-religieux… *La route rejoint la côte ouest de l'île à Tazacorte (voir p. 63).*

LA ROUTE DU NORD

AB1 La LP 1, souvent en corniche, offre de très belles vues sur la côte et traverse d'impressionnants ravins *(barrancos)* envahis par une dense végétation, sauvage ou cultivée. Au soleil couchant, depuis les belvédères situés sur la route de Puntallana, vous verrez au loin le pic du Teide. *Comptez 3h pour couvrir les 80 km séparant Santa Cruz de Puntagorda.*

Nuestra Señora de las Nieves – En suivant le front de mer vers le nord, on traverse le Barranco de Las Nieves pour passer devant le Castillo de la Virgen, qui défendait jadis la ville. La route grimpe jusqu'au hameau de Las Nieves *(5 km)*. Sous l'œil du pic du même nom, la petite église (16e s.) au joli balcon de bois ouvragé abrite la statue (14e s.) de la patronne de l'île. Le maître-autel en argent (17e s.), provient du Mexique ; tableaux flamands du 16e s.

Barranco de la Galga★ – Faites une halte au mirador San Bartolo pour apprécier le profil escarpé et la végétation luxuriante de ce **ravin★**. Vous le franchirez au nord du village, après le tunnel.

Los Tiles★ – En longeant le Barranco del Agua, on atteint le bois de lauriers qui pare d'un épais manteau les pentes de ce pittoresque ravin. Un centre de recherche de la Réserve de biosphère *(922 45 12 46 - 9h-12h30, 14h30-18h30 (17h en hiver) - gratuit)* expose des panneaux explicatifs sur la flore de toute la zone. Un sentier bordé de fougères arborescentes pénètre dans la laurisylve et grimpe jusqu'au mirador donnant sur le ravin *(2 km - comptez env. 2h)*.

San Andrés – *Bifurcation à droite à l'entrée de Los Sauces.* En contrebas du bourg de Los Sauces, grand centre agricole (la région regorge de sources) dont les bananeraies ont supplanté la canne à sucre, l'église de San Andrés montre un beau plafond mudéjar au-dessus du chœur. Vous pourrez vous rafraîchir un peu plus loin dans les piscines naturelles du **Charco Azul** que remplissent les déferlantes de l'Atlantique. Une anfractuosité de la falaise accueille **Puerto Espíndola**, minuscule port où trouvent refuge les bateaux de pêche.

Punta Cumplida – Face au phare établi sur le promontoire, les vagues écument avec fureur sur les prismes basaltiques. Au nord se trouvent d'autres piscines d'eau de mer, les bassins naturels de **Fajana**.

Passé **Barlovento** (*voir « Se loger », p. 99*), la LP 1 longe la côte pour desservir les hameaux en contrebas, invisibles de la route. Elle sinue dans une nature encore sauvage, striée d'abrupts défilés, où poussent quelques dragonniers. Dans cette verdoyante région de lauriers et de pins, les succulentes s'accrochent aux parois rocheuses qui affleurent çà et là.

Les salines, à Fuencaliente.

Parque Cultural La Zarza – *Entre Barlovento et Santo Domíngo de Garafía, à env. 30 km de Barlovento - ☏ 922 69 50 05 - www.garafia.es - 11h-17h (19h en été) - 2 €.* Un circuit pédestre *(1,5 km)* balisé au milieu de la végétation conduit aux gravures rupestres de La Zarza et à celles, d'envergure plus importante, de La Zarzita. Les pétroglyphes guanches, découverts dans les années 1940, se distinguent par leurs motifs en spirales, en cercles concentriques ou en méandres. À cette altitude (env. 1000 m), on distingue nettement la transition entre les niveaux de végétation et le passage de la *fayal-brezal* aux strates de pinède *(voir « Flore des Canaries », p. 128)*. La mousse espagnole pend aux branches des pins : l'humidité est ici constante, maintenue par les nuages qui s'accrochent à la forêt.

Puntagorda

A1 *À 16 km de Sto Domíngo de Garafía.* La route de La Zarza à Puntagorda traverse vignobles et champs d'amandiers, surplombant les serres de bananiers qui bordent l'océan, en contrebas. Du mirador **Barranco de Garome★**, la vue plonge dans un ravin verdoyant qui court jusqu'à la côte. En perdant de l'altitude, la végétation cède la place à des plantations plus tropicales : avocatiers, manguiers, papayers et néfliers. À Puntagorda, vous trouverez spécialités culinaires et artisanat local au *mercadillo (sam. 15h-19h, dim. 11h-13h).*

Le parcours continue jusqu'à El Time et Tazacorte (voir p. 63).

LA POINTE SUD DE L'ÎLE

Comptez env. 70 km (1h) de Santa Cruz de La Palma à Tazacorte. Si vous êtes de passage en fin de semaine, avant de gagner les *cuevas* de Belmaco, faites un détour par **Villa de Mazo** dont le *mercadillo municipal (Centro de la Cultura Andares - C/ Dr Morera Bravo - sam. 11h-19h, dim. 11h-13h)* accueille les petits producteurs et les artisans de La Palma.

Cueva de Belmaco

B2 *À 14 km de Santa Cruz - ☏ 922 44 00 90 - lun.-sam. 10h-15h - 2 €.* Au pied d'une large grotte d'habitation, on a retrouvé quatre rochers gravés d'énigmatiques inscriptions guanches, en forme de labyrinthes. Un sentier interprétatif aménagé près de la grotte rappelle les usages domestiques des principales plantes de la région dans les temps préhispaniques.

Entre Belmaco et Los Canarios (Fuencaliente), la LP 2 traverse le *malpais*, grandes étendues de laves infertiles qui laissent parfois place aux vignes puis, le parcours prenant de l'altitude, aux pins.

Fuencaliente★

B2 *À 13 km des grottes de Belmaco.* **Los Canarios**, chef-lieu du *municipio* de Fuencaliente, était jadis connu pour ses eaux thermales réputées soigner rhumatismes et troubles digestifs. La coulée de lave du San Antonio, en 1677, enterra ses sources *(fuentes)* chaudes *(calientes)* ; des forages sont en cours pour les retrouver.

Plus austère que le nord de l'île, Fuencaliente porte les stigmates d'un volcanisme très récent. Une route secondaire en boucle fait le tour de ses volcans *(env. 30 km - comptez 1h)*, zone qui se prête aussi à la randonnée *(GR 131 et sentiers locaux)*. En contournant le **volcan de San Antonio★** par la LP 207, on découvrira aussi les impressionnants cratères du **volcan de Teneguía★** né en octobre 1971. Des pistes parcourent la coulée de lave qui, s'échappant jusqu'à la mer, isola le phare du village. La route descend jusqu'aux **salines** *(lun.-vend. 9h-17h)* qui le jouxtent. Tout le sud de la peninsule est cultivé, et des serres de bananiers ont été aménagées au pied du tout jeune volcan. En remontant par la LP 209, au belvédère de Las Indias (à la sortie de Los Canarios), belle **échappée★** sur le littoral à travers les pins.

Las Manchas

A2 *À 14 km de Los Canarios.*
La coulée de lave du volcan Nambroque qui, en 1949, coupa le village en deux, fait encore une tache sinistre dans le paysage. Toute la région vit de la vigne, cultivée en terrasses délimitées par des murets de pierres noires.

Casa-Museo del Vino – *Las Manchas - ✆ 922 49 43 20 - lun.-vend. 9h30-13h30, 16h-18h30, sam. 9h30-14h - 1,50 €.* Au lieu-dit Las Manchas de Abajo, en contrebas de la route, une maison rouge au balcon traditionnel héberge la Casa-Museo. Vous y goûterez les différents vins de la région. Un peu plus bas, la **plaza de la Glorieta** fut pavée d'une grande mosaïque naïve (1996) par l'artiste palmero Luis Morera.

Puerto Naos

A2 *À 8 km de Las Manchas.*
La descente à travers les champs de lave, datant de 1949, et les bananeraies est très pittoresque. Une station balnéaire réputée pour la qualité de ses eaux de baignade s'est développée le long de l'immense plage de sable noir.

Tazacorte

A2 *À 10 km de Puerto Naos.*

Museo del Plátano – *Casco histórico - ✆ 922 48 01 51 - lun.-vend. 10h-13h, 16h-18h, sam. 11h-13h - 2 €.*
Il s'imposait : vous êtes ici dans la capitale de la banane dont les serres et les plantations couvrent la côte jusqu'à Fuencaliente.

Puerto de Tazacorte – Au nord de la ville se trouve le petit port où aborda Fernández de Lugo en 1492. Sa plage de sable noir et de galets, fréquentée le dimanche par les habitants de La Palma, s'étend au pied d'une falaise trouée de grottes habitées.

Mirador El Time★★ – *Au bout de la route en lacets montant vers le nord, dir. Puntagorda.* Du haut de la falaise d'El Time, remarquable **panorama★★** sur la plaine d'Aridane, véritable mer de bananiers, et sur le ravin de las Angustias, impressionnante vallée de fracture qui est l'unique débouché des eaux de la Caldera de Taburiente.
De Tazacorte, la LP 1 monte vers le nord et Puntagorda (voir « La route du nord », p. 62). La LP 3 file vers l'est et Santa Cruz de La Palma (voir « L'île d'est en ouest », p. 59).

La Gomera★

Cette ravissante petite île circulaire, bordée de côtes abruptes qu'échancrent d'impressionnants ravins, culmine à 1487 m au pic Garajonay. Son cœur vert, un bois de laurisylve exceptionnel, fait le bonheur des randonneurs, son public privilégié. Pour des vacances tranquilles au contact de la nature, loin, très loin du monde urbain.

▶**Accès :** San Sebastián est relié par ferry à Tenerife et La Palma. De l'aéroport situé près de Playa de Santiago, au sud de l'île, vols sur Tenerife et Gran Canaria.
Plan détachable.
▶**Conseil :** Comptez 2 demi-journées, l'une pour une randonnée dans la laurisylve, l'autre pour faire le tour de l'île.

SAN SEBASTIÁN DE LA GOMERA

Peu de chose à voir dans le tout petit chef-lieu (9092 hab.) de La Gomera, situé sur la côte orientale, mais sa paisible atmosphère de bourg colonial endormi dans le passé séduit. San Sebastián a subi à de multiples reprises les assauts destructeurs des pirates barbaresques, anglais et hollandais, et la plupart de ses édifices historiques ont été rebâtis sur les ruines de ceux des 16e et 17e s. La ville conserve pieusement le souvenir de Christophe Colomb, qui y fit escale en 1492. Au fil de la rue principale, la **calle del Medio** (anc. calle Real), vous verrez d'abord la **Casa de la Aguada** *(1re maison au coin, au n° 56, avec l'office de tourisme - ✆ 922 42 05 58 - lun.-vend. 10h-18h - gratuit)* avec, dans la cour, le puits où il refit les réserves de ses caravelles. Dans l'église la **Iglesia de la Virgen de la Asunción** *(horaires aléatoires)*, il vint écouter la messe ; il ne reste rien de l'édifice d'origine (15e s.), détruit par les pirates, mais l'église actuelle (17e-19e s.) vaut la visite avec son heureux mélange d'éléments mudéjars (belles charpentes ouvragées) et baroques (retables, peintures). Derrière l'église, un petit musée d'Archéologie *(mar.-vend. 10h-18h, w.-end. 10h-14h - gratuit)* occupe la **Casa Echevarría**, noble demeure canarienne de la fin du 18e s. Plus haut dans la rue se trouve la **Casa de Colón** *(✆ 922 42 05 58 - lun.-vend. 10h-18h - gratuit)*, une maison blanche à étage, un peu avant la poste. Elle aussi mise à sac par les pirates, la « maison de Colomb » fut reconstruite bien après le passage du navigateur sur l'île. Elle expose des céramiques de la civilisation Chimú (Pérou, 11e-15e s.). Derrière la calle del Medio se dresse la **Torre del Conde**, très restaurée, une construction massive conçue pour résister aux mutineries de la population autochtone plus qu'aux attaques venues de la mer. En 1488,

Vallehermoso.

cette tour du comte de Gomera où s'était réfugiée sa veuve, doña Beatriz de Bobadilla, fut attaquée par les Guanches. Ceux-ci venaient d'assassiner le comte, coupable d'avoir séduit l'une des leurs et de se montrer particulièrement cruel. L'arrivée de Pedro de Vera sauva doña Beatriz mais valut aux Guanches d'être massacrés.
Deux petites plages de sable noir, l'une sur la promenade en face du port l'autre, la **playa de la Cueva**, cachée derrière les rochers noirs et d'où l'on aperçoit le pic du Teide, se prêtent à la baignade.

PARQUE NACIONAL DE GARAJONAY★★

Accès par Juego de Bolas (31 km de San Sebastián) ou par Laguna Grande (env. 25 km de la capitale) - cartes des sentiers et ouvrages de botanique dans les centros de visitantes *(voir plus bas) - excursions pédestres guidées avec explications botaniques (durée 3h) au départ de Laguna Grande à 9h30 le vend. toute l'année et le merc. de juil. à sept., sur réserv. la veille au ✆ 922 80 09 93 - www.parquesnacionalesdecanarias.com. Prévoyez des chaussures confortables, une polaire et un coupe-vent en toute saison.*
Créé en 1981 et classé au patrimoine mondial de l'Unesco (1986), ce parc national, qui commence à 800 m d'alt. et culmine à 1487 m d'alt. au pic de Garajonay, reste vert toute l'année. Les écharpes de brumes que provoquent les alizés s'accrochent presque constamment aux branchages, conférant aux sous-bois un petit côté mystérieux.
Les centres d'accueil – Avant de vous engager dans le parc, faites un tour au *centro de visitantes (9h30-16h30 - ✆ 922 80 09 93 - gratuit)* de **Juego de Bolas**, bien documenté ; les jardins attenants vous familiariseront avec la flore de l'île *(autre centre d'accueil à Laguna Grande, mar.-dim. 8h30-16h30)*. L'**Arboreto de Meriga**, à l'orée du parc, vous aidera à distinguer les principales essences d'arbres et arbustes.
Les sentiers – Une vingtaine de sentiers de randonnées, de durée *(de 20mn à 9h)* et de difficulté variables, sillonnent le parc de Garajonay. Balisés pour certains, ponctués de *miradores*, ces *recorridos* traversent d'épaisses forêts de lauriers et de bruyères géantes au milieu desquelles apparaissent de grands rochers de lave solidifiée et mise à nu par l'érosion, les *roques*.
La laurisylve – Vestiges de l'ère tertiaire, les bois de laurisylve (*voir « Flore des Canaries », p. 128*) donnent une idée de ce qu'était la végétation méditerranéenne il y a des millions d'années, lorsque la région jouissait d'un climat subtropical. Ces épais bois de persistants bénéficient à la fois de températures d'altitude (13 à 15 °C en moyenne annuelle) et d'une hygrométrie plus élevée que les autres régions de l'île. Les brumes expliquent l'abondance des mousses, des lichens et des fougères en sous-bois. En réduisant les phénomènes d'évaporation, elles jouent un rôle majeur dans le maintien de cet écosystème.

LE TOUR DE L'ÎLE

Plus traditionnels au nord, les villages émergent parmi les *bancales*, ces terrasses cultivées qui sculptent les flancs de la montagne. Certains conservent dans leurs églises ou leurs ermitages des statues flamandes du 16e s. *Peu fréquents, les bus ne permettent pas de faire le tour de l'île dans la journée : louez un véhicule.*

Valle de Hermigua★★

Agulo, sur la côte nord, se trouve à 23 km de San Sebastián.

Maisons blanches, palmiers, bananeraies au pied de hautes falaises : vous entrez dans la verdoyante vallée d'Hermigua avant d'atteindre **Agulo★**, pittoresque petit village de bord de mer aux ruelles pavées. Fondé par une poignée de colons espagnols au début du 17e s., Agulo montre de beaux spécimens de l'architecture seigneuriale traditionnelle des Canaries.

Vallehermoso

À 15 km d'Agulo.

Bénéficiant d'une irrigation constante grâce à son réseau de rivières pérennes coulant à fond de ravins et aux grands barrages alentour, la « belle vallée » est, historiquement, le cœur économique de l'île. Les tapis de cendres ont fertilisé la région où se sont développées les cultures en terrasse (vignobles, céréales). De spectaculaires formations rocheuses témoignent de l'histoire géologique de la région : le volcanisme et l'érosion se sont conjugués pour donner naissance au **Roque Cano**, un piton de lave solidifiée de 250 m de hauteur, et surtout à **Los Órganos**, des orgues basaltiques que l'on ne voit que de la mer *(excursions en bateau organisées depuis San Sebastián, Playa Santiago et Valle Gran Rey).*

Barranco del Valle Gran Rey★★

À 27 km de Vallehermoso.

Le ravin au fond duquel s'échelonnent les maisons du village est l'un des plus spectaculaires de l'île. Au pied de ces à-pics vertigineux, la vallée accueille des plantations de papayers, de manguiers et d'avocatiers. Les bougainvillées dispensent çà et là d'éblouissantes taches rouges ou roses. Petite station balnéaire au débouché du ravin.

Chipude

À 23 km de Valle Gran Rey.

Objet de vénération pour les anciens guanches, l'imposante masse tabulaire de la **Fortaleza de Chipude** (1234 m d'alt.) résulte d'une accumulation de laves autour d'une ancienne cheminée. La verticalité de ses parois la rendant quasiment impossible d'accès, elle a conservé une flore bien à elle.

Playa de Santiago

À 27 km de Chipude et 30 km de San Sebastián.

Pôle balnéaire du *municipio* de Alajeró, le port de pêche a diversifié ses activités et se tourne plus en plus vers le tourisme. Aménagée pour la baignade, sa longue plage de sable et de gravillons noirs s'étire sur près d'1 km. Accessible à pied, la plage de galets de Chinguarime est plus tranquille.

El Hierro

Tout entière classée réserve de la Biosphère depuis 2000, la plus petite des îles Canaries (278 km²) conserve intacts ses attraits naturels : terres fertiles, spectaculaires falaises s'élevant à plus de 700 m d'alt., cônes volcaniques et champs de lave côtoyant de denses forêts de lauriers sauvages, splendides fonds sous-marins... Des trésors de nature que, forte des dérives dont ont souffert ses voisines excessivement fréquentées, l'île entend préserver en favorisant un tourisme rural et en mettant l'accent sur la découverte individuelle : un autre coin de paradis pour les marcheurs et les plongeurs.

▶ **Accès :** Liaisons aériennes et maritimes avec Tenerife.
Plan détachable.
▶ **Conseil :** L'offre n'étant pas pléthorique, réservez voiture et hébergement.

VALVERDE

Perchées à 600 m d'alt., les ruelles du chef-lieu *herreño* (5035 hab.) s'organisent autour de la plaisante **Plaza Quintero Núñez** que dominent le clocher à bulbe de l'église de la Concepción (18e s.) et l'Hôtel de ville. À côté, le **Museo Insular** *(lun.-vend. 9h-14h)* vous fournira une brève introduction à la visite de l'île, que vous compléterez au **Centro Etnográfico** *(C/ Armas Martel - lun.-vend. 9h-14h, sam. 10h30-13h30 et 16h30-18h30).*

EL GOLFO★★

À env. 10 km de Valverde.
Depuis le belvédère de La Peña, construit par César Manrique à 700 m d'alt., une excellente **vue★★** embrasse El Golfo. Cette dépression aux parois abruptes bordant l'est de l'île serait le fond d'un ancien cratère. Culminant à 1500 m au pico de Malpaso, le rebord est couvert d'une forêt de lauriers et de bruyères géantes et le fond, plat, accueille des cultures.
Au nord-est émergent les masses basaltiques des deux **roques de Salmor**. Tout près, dans la Fuga de Gorreta, vit encore une espèce antédiluvienne de lézard géant que l'on croyait éteinte. Redécouvert accidentellement en 1974, l'animal fait l'objet de tentatives de réintroduction sur l'île *(voir plus loin).*
La côte est ponctuée de **charcos** formants des piscines naturelles aux eaux limpides (Charco de la Maceta, Charco Azul), enserrées dans les noires parois du basalte.

LA TRAVERSÉE DE L'ÎLE

Circuit d'env. 150 km.
Tiñor – *À 6 km de Valverde.* Au nord-ouest se dressait jadis le *garoé*, arbre sacré des Bimbaches, qu'une tempête abattit en 1610. Les feuilles de cette espèce mystérieuse

retenaient l'eau par condensation et les indigènes venaient s'y approvisionner.

Frontera – *À 25 km de Tiñor.* Arbres fruitiers, vignobles, champs d'ananas assurent la prospérité de cette région agricole. Au sommet d'une colline, la silhouette blanche de Nuestra Señora de Candelaria se détache sur les falaises du mont Joapira. Au **Lagartario** *(Centro de Recuperación del Lagarto Gigante - ctra Las Puntas - ✆ 922 80 57 87 - mar.-sam. 10h-18h sur réserv.),* vous verrez quelques spécimens de lézards géants nés en captivité. À côté, le **Poblado Arqueológico de Guinea** *(✆ 922 55 50 56 - mar.-sam. 10h30-14h30, 17h-19h, dim. 11h-14h - 7,50 €)* évoque les Bimbaches, les aborigènes de El Hierro.

Sabinosa – *À 10 km de Frontera.* C'est, avec Frontera, l'un des principaux villages de l'île. Parmi les terrasses soignées où pousse la vigne, les *sabinas*, des arbustes de la famille du genévrier qu'on ne trouve qu'à El Hierro, montrent à flanc de colline leurs troncs tordus par les vents. Sur la côte, où se trouve la seule plage de sable blanc de l'île, les eaux thermales du bien nommé **Pozo de La Salud**, réputées, soignent les maladies de la peau et de la digestion.

La Dehesa – La traversée de La Dehesa, domaine pastoral désertique, procure des **vues★** étendues sur le versant sud de l'île dont les pentes aux couleurs incendiaires, parsemées de cratères, descendent rapidement vers la mer. Celle-ci, immobile, prend ici le nom de « Mar de las Calmas ».

Punta de Orchilla – Extrémité occidentale des terres espagnoles, ce cap passa longtemps pour marquer le bout du monde. Il fut choisi par Louis XIII, en 1634, comme emplacement du méridien d'origine, honneur que lui ravit Greenwich à partir de 1855. Au-delà du phare se trouve un bois de *sabinas* aux troncs tourmentés.

Ermitage Nuestra Señora de los Reyes – Il abrite les statues des Rois mages et celle de la Vierge des Rois, patronne de l'île, transportée en procession tous les quatre ans jusqu'à Valverde (la prochaine aura lieu en 2017). Des danseurs de chaque village traversé portent alors la statue à tour de rôle.

El Pinar★ – Une vaste et agréable pinède couvre la région.

Tagoror – Huttes de pierre sèche, grottes funéraires et lieux de culte, *tagorores* destinés aux assemblées témoignent du Hierro préhispanique. Le **Centro de Interpretación de El Julan** *(✆ 922 80 09 93 - 10h-18h - 5 €)* fait le point sur ce que l'on connaît aujourd'hui de la civilisation bimbache.

Punta Restinga – Pointe sud de l'île – et de l'Espagne –, sa réserve marine constitue un site de plongée particulièrement apprécié.

Roque de La Bonanza – Émergeant de l'eau à 20 m à peine de la côte, sa spectaculaire masse rocheuse se dresse à 200 m de hauteur.

Tamaduste – *8 km de Valverde.* Dans la crique de cette petite station balnéaire, un banc de sable forme une lagune aux eaux calmes.

Nos adresses

Se restaurer 72
Prendre un verre 80
Shopping 82
Sortir 88
Sports et loisirs 90
Se loger 94

Mirador del Río, intérieur du restaurant créé par Cesar Manrique.
T. Vilches/age fotostock/Adagp, Paris 2015

Se restaurer

On mange fort bien aux îles Canaries : nombre de restaurants ont su mettre en valeur les excellents produits du terroir (*voir « Gastronomie », p. 136*), tantôt en perpétuant des recettes traditionnelles, tantôt en les réinventant avec un réel génie créatif. Classique ou inventive, régionale, nostalgique de la péninsule ou franchement internationale, leur carte permet de varier les styles chaque jour. Archipel oblige, la cuisine de la mer y occupe une place de choix. L'un des attraits des Canaries étant leurs époustouflants points de vue, de nombreux miradors proposent un service de restauration, idéal au déjeuner.

Pour grignoter en attendant le dîner, cherchez les enseignes *tascas*, ces bars de quartier qui servent des en-cas, *bocadillos*, assiettes de tapas ou *papas arrugadas*. *Dans le chapitre « Prendre un verre », p. 80, vous trouverez une brève sélection de bars et de* tascas *dont certains assurent également un service de restauration.*

Voir aussi « Restauration », dans « Canaries pratique », p. 109.

Les adresses que nous avons sélectionnées sont positionnées sur le plan détachable à l'intérieur de la couverture ou sur les plans de Santa Cruz de Tenerife p. 19, de Las Palmas de Gran Canaria p. 37 et de Vegueta-Triana p. 35; elles sont repérables grâce à des pastilles numérotées (ex. 1).

TENERIFE

***Plan de Santa Cruz de Tenerife* p. 19**
Plan détachable

De 25 à 35 €

1 **Victoria** – *C/ Hermano Apolinar 8 - La Orotava - ☎ 922 33 16 83 - www.hotelruralvictoria.com - 12h30-15h30, 19h-22h30.* À l'intérieur de l'hôtel du même nom, situé dans le centre historique, vous déjeunerez sous la verrière de cette vénérable demeure à balcon. À la carte, lapin, saumon ou *solomillo* (faux-filet) cuisinés selon les meilleures traditions de l'île. Menu du jour à 10,50 €.

2 **Régulo** – *C/ Pérez Zamora 16 - Puerto de la Cruz - ☎ 922 38 45 06 - www.restauranteregulo.com - 12h30-15h30, 18h30-23h sf dim. et lun. midi - fermé en juil.* Le vivier de langoustes à l'entrée de l'établissement annonce la couleur : ici, on vient pour la pêche du jour, à déguster sous forme de *parrilla* (grillades) ou de plateaux de fruits de mer pour deux personnes.

3 **Magnolia** – *Av. Marqués de Villanueva del Prado s/n - Puerto de la Cruz - ☎ 922 38 56 14 - www.restaurantemagnolia.com - 13h-16h, 19h-0h sf mar.* À deux pas du jardin botanique, cette jolie maison blanche aux arches vitrées sert, en salle ou en terrasse, une vaste gamme de plats préparés par un chef catalan. Des recettes traditionnelles à la carte, et un menu à 14,50 €.

Restaurant avec terrasse, face à la mer.

De 40 à 60 €

4 **Los Cuatro Postes** – ***Plan Santa Cruz*** *- C/ Emilio Calzadilla 5 - Santa Cruz de Tenerife - ✆ 922 28 73 94 - cuatropostes@hotmail.com - 13h-0h sf dim., fermé 10-31 août.* Cochon de lait au four et *jamón* de Guijuelo (Salamanque) comptent parmi les spécialités de cette adresse renommée, dont la salle donne directement sur la cuisine. Vous pourrez choisir votre langouste dans le vivier à l'entrée.

5 **Lucas Maes** – *Barranco de la Arena 53 - à la sortie de Puerto de la Cruz - ✆ 922 32 11 59 - www.restaurantelucasmaes.com - P - 13h30-15h30, 19h30-23h30 sf dim. et lun. - fermé 23 août-15 sept.* Vous vous installerez dans l'une des quatre salles au style contemporain selon que vous préférez la vue sur le jardin et la mer ou… sur les fourneaux. Le chef a opté pour une cuisine moderne. Tartare de truite, carpaccio de langoustines, lapin confit ou menu de dégustation de 5 ou 7 plats, les choix seront cornéliens…

G. Azumendi/age fotostock

Poulpe grillé, papas arrugadas et mojo.

6 **Los Limoneros** – *TF 152 - Los Naranjeros - ✆ 922 63 61 44 - www.restauranteloslimoneros.es - P - 13h-23h sf dim. soir - réserv. conseillée.* Vous le reconnaîtrez à sa grande cour-parking plantée de magnifiques citronniers et orangers. Avant tout des spécialités de la mer, comme le *pescado a la sal* : poissons et crustacés font la réputation de ce restaurant traditionnel, au chaleureux décor de bois. Impressionnante carte des vins : demandez à visiter le cellier.

À partir de 110 €

7 **M.B.** – *TF 47 km 9 - Guía de Isora - ✆ 922 12 60 00 - www.abamahotelresort.com - 18h45-23h sf dim. et lun. - fermé mi-juin à mi-juil. - réserv. indispensable.* C'est LE restaurant de l'archipel ! Martín Berasategui a confié les fourneaux au chef Erlantz Gorostiza qui soigne autant ses recettes, toujours inventives, que leur présentation : saumonette aux écailles, fondant d'olives noires ou encore filet de chevreuil prennent dans les assiettes l'allure de sculptures contemporaines. Le cadre et la vue ne sont pas en reste… Un must !

GRAN CANARIA

Plan de Las Palmas p. 37
Plan de Vegueta-Triana p. 35
Plan détachable

Jusqu'à 20 €

10 **Satautey** – *C/ Real de Coello 2 - Monte Lentiscal - ✆ 928 47 84 21 - www.hecansa.com - 13h30-16h, 20h-23h.* La carte privilégie les produits du terroir et les recettes de l'archipel : chorizo de Teror, lapin ou *vieja* en croûte de sel, sans oublier les inévitables *papas arrugadas* au *mojo*. Le menu à 12 € vous en montrera un excellent aperçu. L'établissement propose également quelques chambres.

De 30 à 50 €

11 **Nelson** – *Av. Polizón 47 - Agüimes (Playa de Arinaga) - ✆ 928 18 08 60 - www.restaurantenelson.com - 13h-16h30, 20h-23h30 sf dim. et lun. - fermé 1er-15 sept.* Les toiles d'artistes de la région ornent la salle. Attablé devant la baie vitrée donnant sur le large, vous apprécierez une cuisine traditionnelle privilégiant poissons et fruits de mer, l'atout majeur de l'établissement. Bar particulièrement bien fourni en rhums et whiskies venus du monde entier.

12 **Bitácora** – ***Plan Las Palmas*** - *Restaurant de l'hôtel AC - C/ Eduardo Benot 3 - Las Palmas de Gran Canaria - ✆ 928 26 61 00 - www.marriott.com - 13h30-15h30, 20h30-23h30.* Au 23e étage de cette tour ronde, le décor se fait minimaliste : le spectacle est derrière les vitres, avec une vue sublime sur les installations portuaires, la marina, la ville et la playa de Las Canteras. Une carte internationale classique, peu étendue, sur laquelle les entrées occupent la meilleure place. Mais ici, se restaurer devient presque un prétexte à s'attarder…

13 **Rías Bajas** – ***Plan Las Palmas*** - *C/ Simón Bolívar 3 - Las Palmas de Gran Canaria - ✆ 928 27 13 16 - www.riasbajasrestaurante.com - 13h-0h.* Cette *marisquería* située tout près de la plaza Santa Catalina n'est pourtant connue que des habitants de la ville. Ses deux salles basses de plafond peuvent devenir bruyantes à l'heure du coup de feu ; préférez alors l'étage ou la petite terrasse. Spécialités de fruits de mer *(mariscos)*, bien entendu.

14 **Casa de Galicia** – ***Plan Las Palmas*** - *C/ Salvador Cuyás 8 - Las Palmas de Gran Canaria - ✆ 928 27 98 55 - 12h30-23h30.* Les viviers à l'entrée d'une longue salle à manger annoncent une très belle carte de fruits de mer et de poissons (plateau de fruits de mer/2 pers. 84 €), cuisinés à la romaine, à la basque, au four, aux palourdes *(almejas)*… S'il y en a, goûtez absolument à la cigale de mer. Une annexe, juste à côté, dans une salle plus intime, se spécialise dans les paellas et autres recettes à base de riz. Savoureux.

15 **Amaiur** – ***Plan Vegueta-Triana*** - *C/ Pérez Galdós 2 - Las Palmas de Gran Canaria - ✆ 928 37 07 17 - 13h-16h, 20h30-0h sf dim. et lun. - fermé août.* Ce restaurant de cuisine basque est avant tout une adresse familiale, qui tourne avec le même personnel

depuis plus de 20 ans. Salles sobres et élégantes en blanc et vieux rose. La carte, très soignée, change pour tenir compte des saisons : champignons et perdrix en automne, thon lors de la reprise de la pêche... Demandez qu'on vous cite les spécialités du jour, elles ne figurent pas toujours sur la carte! Un excellent rapport qualité-prix.

LANZAROTE

Plan détachable

De 30 à 50 €

(21) **La Cañada** – *C/ César Manrique 3 - Puerto del Carmen - ✆ 928 51 04 15 - 11h30-0h.* À deux pas de l'animation touristique du front de mer, dans des salles d'un classicisme soigné, un restaurant de cuisine espagnole. Sa carte met l'accent sur les fruits de mer, les poissons (pêche du jour) et les produits du terroir de tout l'archipel. Service attentif, pour une adresse de qualité qui se distingue des établissements de la station balnéaire. Carte de tapas.

(22) **La Tegala** – *LZ 2, à l'entrée de Mácher en venant de Tías - ✆ 928 52 45 24 - www.lategala.com - P - 13h-16h, 19h-23h sf dim. - réserv. indispensable.* Dans une agréable salle vitrée offrant des vues panoramiques, vous découvrirez des recettes régionales d'agneau ou de chevreau, les spécialités de la maison, accommodées de manière inventive avec les douceurs de la région. Menu de dégustation 42 €.

(23) **Altamar** – *Parque Islas Canarias (front de mer) - Arrecife - ✆ 928 80 00 00 - P - 19h-21h.* C'est le restaurant de l'Arrecife Gran Hotel. On vient ici pour la vue panoramique sur les embarcations croisant au large; le couchant rehaussera la saveur des préparations d'une carte internationale fort convenable, mais qui pourrait se montrer plus originale.

(24) **Amura** – *Paseo Marítimo, au niveau de la marina - Puerto Calero - ✆ 928 51 31 81 - www.restauranteamura.com - P - 13h-23h.* Impossible de manquer ce bel édifice de bois blanc dont les lignes rappellent les demeures anciennes de la Caraïbe coloniale. Sa carte, internationale, propose une sélection de qualité, avec beaucoup de poissons, mais également des recettes inventives et des plats végétariens.

(25) **Aguaviva** – *C/ Mástil 31 - Playa Honda - ✆ 928 82 15 05 - www.restauranteaguaviva.com - 13h30-15h30, 20h15-22h45 sf lun.* Cuisine fusion : marinade de thon aux tomates caramélisées, brochettes de langoustines et de *pancetta*, poisson au yaourt safrané... la carte réserve bien des surprises gustatives. Vous y serez servi dans des salles pimpantes, décorées avec soin.

FUERTEVENTURA

Plan détachable

De 25 à 40 €

(30) **El Patio de Lajares** – *C/ La Cerca 9 (dir. La Costilla) - Lajares - ✆ 650 13 40 30 - www.patio-lajares.com - P - 13h-15h, 19h-22h sf lun. et mar.* Orienté cuisine internationale, ce restaurant de style auberge concocte,

Ile de Lanzarote, poisson séchant au soleil.

sous la houlette d'un chef d'origine allemande, des assiettes de tapas, des chateaubriand, ou encore – la spécialité – une terrine de foie sauce porto. Propose également quelques chambres.

31 **Casa Santa María** – *Plaza Santa María - Betancuria - ✆ 928 87 82 82 - www.casasantamaria.net - 11h-16h.* Située à côté de l'église, cette maison du 16e s. aux murs blancs et au toit de tuiles cache un ensemble de courettes très cosy aux accents andalous, noyés sous les plantes vertes. Du décor aux assiettes, tout y est extrêmement soigné. Elle sert avant tout une cuisine traditionnelle. Parmi les spécialités, goûtez au chevreau au four *(cabrito al horno).*

À partir de 50 €

32 **La Cúpula de Carles Gaig** – *Av. Grandes Playas s/n - Corralejo - ✆ 928 53 71 53 - www.atlantisbahiareal.com - 19h30-22h30 (consulter la réception pour les jours de fermeture, variables), réserv. indispensable.* Située dans l'hôtel Atlantis, affichant une carte internationale de très bonne tenue, c'est l'adresse gourmet de cette station balnéaire populaire. Dans un cadre aussi élégant que raffiné, tentez la spécialité : un riz à la crème de seiche aux cèpes.

LA PALMA

De 20 à 35 €

40 **La Lonja** – *Av. Marítima 55 - Santa Cruz de la Palma - ✆ 922 41 66 93 - www.lalonjarestaurante.com - merc.-dim. 11h-23h, lun. 11h-16h - fermé oct.* Cette vénérable demeure du 16e s. a réparti ses tables entre un charmant patio et, à l'étage, une salle au mobilier colonial. Vous pourrez choisir votre poisson : la pêche du jour est présentée à l'entrée. Large carte, plutôt classique, laissant une place aux grillades et aux salades.

41 **La Placeta** – *Placeta Borrero 1 - Santa Cruz de La Palma - ✆ 922 41 52 73 - 12h-23h sf dim.* Ses balcons croulant sous les fleurs cachent deux chaleureuses salles à manger au décor de bois. La carte, peu étendue mais aux recettes choisies, propose filet de saint-pierre à la sauce gambas, *solomillo* (faux-filet) ou, plus local, lapin aux amandes avec ses *papas arrugadas.*

42 **Las Tres Chimeneas** – *Ctra de la Cumbre 29, près de l'hospital insular - San Pedro de Breña Alta - ✆ 922 42 94 70 - P - 13h-16h, 19h-23h sf lun. soir et mar., fermé sept. et Carnaval.* Typiquement canarien, de la cuisine à l'architecture en passant par la déco alternant pierre noire et pin blond, le restaurant « aux trois cheminées » est réputé pour son *solomillo* à la mode chateaubriand. Attablé en salle ou devant la fontaine du jardin, on dégustera également les classiques de l'île : *mojos, quesos asados* (fromages fumés) que l'on arrosera d'un Vega Norte, produit dans le nord de La Palma.

LA GOMERA

Plan détachable

De 15 à 20 €

50 **Alameda** – *C/ Alameda 4 - Agulo - ✆ 922 14 61 26 -* P *- 9h-22h sf dim.* Dans un décor rustique que soulignent les nappes à carreaux rouges et blancs, vous découvrirez parmi les classiques de la cuisine canarienne quelques spécialités de l'île, aussi roboratives que savoureuses ; le *mojo* est de toutes les sauces.

De 15 à 30 €

51 **El Charcón** – *Playa de la Cueva (en face du port) - San Sebastián de la Gomera - ✆ 922 14 18 98 - www.restauranteelcharcon.com -* P*- 13h-16h, 19h30-22h sf dim. et lun. - fermé juin et oct.* Vous dînerez dans une salle partiellement creusée dans la roche ou sur la terrasse, avec vue sur le pic du Teide à Tenerife et la plage de sable noir de la Cueva. Spécialités de poissons et fruits de mer. Carte de vins canariens et espagnols.

EL HIERRO

Plan détachable

De 25 à 35 €

60 **La Higuera de Abuela** – *C/ Los Valles 6 - Valverde - ✆ 922 55 10 26 - 13h-16h, 19h30-23h sf mar.* Ce petit restaurant familial où l'on perpétue les traditions culinaires de l'île dispose d'une agréable terrasse et d'une jolie salle à manger de style néorustique. En tête de carte, les produits phares du Hierro : le lapin cuisiné aux amandes, le chevreau et la *vieja* qui abonde dans les eaux de l'île. Service très lent.

61 **Mirador de La Peña** – *C/ Dr. Quintero 4 - Valverde - ✆ 922 55 03 00 -* P *- 11h-15h, 19h-22h sf lun.* Parquet, colonnes de pierre et plantes vertes à profusion donnent une touche nature à cette grande salle vitrée dessinée par César Manrique et délivrant une vue extraordinaire. Un menu du jour (15 €) et quelques spécialités à ne pas manquer, comme le lapin, le chevreau ou les *viejas* du golfe.

62 **Parador de El Hierro** – *C/ Las Playas s/n (voir « Se loger », p. 99) - ✆ 922 55 80 36 - www.parador.es -* P *- 13h30-15h30, 19h30-22h30.* Potage au fromage herreño, quenelles de *vieja* dans une sauce aux oursins, biscuit à la figue : les produits du terroir sont mis en valeur. Le tout à déguster en bord de mer, face au Roque de la Bonanza.

Prendre un verre

C'est surtout dans les villes que vous trouverez des endroits à l'ambiance et au cadre tentants pour une petite pause entre deux visites.
N'oubliez pas que de nombreux musées et miradors disposent d'une cafétéria, notamment sur l'île de Lanzarote.

Les adresses que nous avons sélectionnées sont positionnées sur le plan détachable à l'intérieur de la couverture ou sur les plans de Santa Cruz de Tenerife p. 19, de Las Palmas de Gran Canaria p. 37 et de Vegueta-Triana p. 35 ; elles sont repérables grâce à des pastilles numérotées (*ex.* 1).

TENERIFE

Plan de Santa Cruz de Tenerife p. 19

Plan détachable

1 **Calle Antonio Domínguez Alfonso** – ***Plan Santa Cruz*** - *Derrière la Iglesia de la Concepción - Santa Cruz de Tenerife - 12h-0h.* Piétonne, l'ancienne calle La Noria, que les habitants de Santa Cruz persistent à nommer ainsi même si elle a été rebaptisée depuis 1917, accueille quatre ou cinq terrasses où il fait bon s'attarder.

2 **La Rebotica** – ***Plan Santa Cruz*** - *C/ San Francisco 17 - Santa Cruz de Tenerife - ✆ 922 28 53 47 - mar.-vend. 12h-23h30, sam. 12h30-0h, dim. 12h30-16h30.* Installé dans une demeure du début du 18e s., cette *tasca* déploie sa terrasse à l'ombre d'un immense caoutchouc, à côté de l'église baroque San Francisco. Une adresse à l'écart des rues passantes du centre commerçant pour un verre de vin canarien ou de Rioja accompagné de quelques amuse-bouches.

3 **Casino de La Laguna** – *C/ Nava y Grimón 7 - La Laguna - ✆ 922 26 41 22 - 12h-0h.* L'ancien palais Rodríguez de Azero servit un temps de casino. Les tables de jeu sont désormais remisées et l'adorable courette de sa cafétéria promet une halte au calme entre les bouquets d'oiseaux de paradis et de papyrus.

GRAN CANARIA

Plan de Las Palmas p. 37

Plan de Vegueta-Triana p. 35

10 **Fiesta Bar** – ***Plan Las Palmas*** - *Bar de l'hôtel Reina Isabel - C/ Alfredo L. Jones 40 - Las Palmas de Gran Canaria - ✆ 928 26 01 00 - 11h30-0h.* Au bord de la piscine et du solarium, on vient ici au soleil couchant pour une vue exceptionnelle sur la playa de Las Canteras. *Bocadillos*, *gambas*, *raciones* ou *calamares*, vous aurez de quoi picorer en sirotant votre apéritif.

11 **Muelle deportivo** – ***Plan Las Palmas*** - *En contrebas du parque Doramas - Las Palmas de Gran Canaria.* Tavernes, bars et cafétérias comme le Sotavento Club, plutôt select, ou le Tropical Muelle

A. Bramwell/age fotostock

Las Palmas, bar face à la mer.

Deportivo, plus populaire, pour une pause tapas parmi les gens de la mer, dans le cliquetis des mâts et des haubans.

LANZAROTE

Plan détachable

(20) **Arrecife Gran Hotel** – *Parque Islas Canarias, sur le front de mer - Arrecife - ☎ 928 80 00 00 - 9h-2h.* Au 17e étage de cette grande tour de verre, le bar dispense une vue extraordinaire sur les toits blancs d'Arrecife, avec les volcans au loin. Tapas et cocktails à déguster lorsque le soleil se couche sur la playa del Reducto. Musiciens les merc., jeu. et vend. soir.

(21) **El Diablo** – *Dans le parc Timanfaya, au départ de la route des volcans - ☎ 928 84 00 57 - P - 12h-15h45 (été : 12h-16h45).* De cette cafétéria-mirador circulaire, dessinée par César Manrique, le regard embrasse les champs de lave.

(22) **Café Jaleo** – *C/ Flores 1 - Teguise - mar.-merc. 12h-18h, jeu.-vend. 10h-16h et 20h-0h, dim. 10h-17h.* L'ancienne Casa de Santiago, une belle demeure canarienne reconvertie en bar-restaurant abrite expositions artistiques et concerts. Tapas, pâtisseries et vins du cru dans une ambiance alternative.

LA PALMA

Plan détachable

(40) **Bar Arepera El Encuentro** – *Plaza La Alameda - Santa Cruz de La Palma - ☎ 922 41 10 44 - 8h30-0h.* Sur la terrasse, à deux pas de la caravelle *Santa María*, on vient ici apprécier un jus de fruits tout frais pressés, goyave, corossol, fruits de la passion ou mangue selon la saison. En cas de fringale, toutes sortes d'*arepas*, les crêpes typiques de l'Amérique latine.

LA GOMERA

Plan détachable

(50) **Bar Cofradía de Pescadores Ntra. Sra. del Carmen** – *Puerto de Vueltas, à l'extrémité sud du village - Valle Gran Rey - 9h-22h.* Pour partager quelques assiettes de tapas ou prendre un rafraîchissement en regardant le va-et-vient des embarcations de pêche au pied de la falaise.

Shopping

Dans les principales agglomérations, regroupées dans des *centros comerciales* modernes ou jalonnant les ruelles (souvent piétonnières) des centres historiques, vous retrouverez les grandes marques espagnoles, tout comme sur la péninsule. Un peu partout sur les îles fleurissent les boutiques de produits du terroir (*voir « Gastronomie », p. 136*), parfois sur les lieux mêmes de production. Prudence en revanche si vous envisagez d'acheter de l'artisanat : le *made in China* fait une rude concurrence aux produits authentiquement canariens… Fiez-vous avant tout aux labels des *cabildos* (autorités provinciales), gages d'origine et de qualité.

Les adresses que nous avons sélectionnées sont positionnées sur le plan détachable à l'intérieur de la couverture ou sur les plans de Santa Cruz de Tenerife p. 19, de Las Palmas de Gran Canaria p. 37 et de Vegueta-Triana p. 35; elles sont repérables grâce à des pastilles numérotées (ex. 1).

TENERIFE

Plan de Santa Cruz de Tenerife p. 19
Plan détachable

Artisanat

1 **Artenerife** – ***Plan Santa Cruz*** - *Plaza de España - Santa Cruz de Tenerife - 922 29 15 23 - www.artenerife.com - lun.-vend. 10h-13h30 et 16h-19h30, sam. 10h-13h.* Dans l'un des édifices de lave signés Jacques Herzog et végétalisés par Patrick Blanc, une enseigne qui a fait le choix de la qualité sur la quantité. On y vend de l'artisanat d'art de provenance purement canarienne. Autres boutiques à Puerto de la Cruz *(Casa de la Aduana et kiosque du port, avec des produits du terroir)* et à La Orotava *(C/ Tomás Zerolo 27)*.

2 **Casa de Los Balcones** – *C/ San Francisco 3 - La Orotava - 922 33 06 29 - www.casa-balcones.com - 8h30-18h30.* L'adresse vaut autant pour son superbe patio à balcons de bois ouvragé que pour la variété des articles proposés (broderies, vêtements, céramiques, cigares, etc.). Touristique mais incontournable.

Décoration

3 **Casa Lercaro** – *C/ Colegio 5-7 - La Orotava - 607 33 13 65 - http://casalercaro.com - dim.-jeu. 9h-13h et 16h-19h, vend., sam. 10h-12h.* Ce petit capharnaüm de meubles, céramique, vaisselle de cristal et babioles de décoration vous donnera l'occasion de visiter l'intérieur somptueux d'une demeure bourgeoise traditionnelle.

Librairie

4 **La Isla Libros** – ***Plan Santa Cruz*** - *C/ Imeldo Seris 75 - Santa Cruz de Tenerife - 922 28 56 15 - 9h30-20h30 sf sam. apr.-midi et dim.* La plus grande librairie de la capitale.

Vins et miel

5 Casa del Vino La Baranda – *Autopista TF-5, km 21 (sortie d'El Sauzal) - El Sauzal - ☎ 922 57 25 35 - www.casadelvinotenerife.com - mar. 10h30-18h30, merc.-sam. 9h-21h, dim. 11h-18, j. fériés 11h30-17h30.* Ancienne ferme du 17e s. reconvertie en musée. Salle de dégustation où vous apprendrez à reconnaître les spécificités de chacun des cinq AOC de l'île. Une petite section est consacrée aux miels de Tenerife et à l'abeille noire qui patiemment les élabore.

Grands magasins

6 El Corte Inglés – ***Plan Santa Cruz*** - *C/ Pilar 3 - Santa Cruz de Tenerife - ☎ 902 11 93 68 - 9h30-21h30.* Sur 8 étages, tout ce qui vous fait envie s'y trouve forcément.

GRAN CANARIA

Plan de Las Palmas p. 37
Plan de Vegueta-Triana p. 35
Plan détachable

Marchés

10 Mercadillo de Artesanía y Cultura – ***Plan Vegueta-Triana*** - *Plaza del Pilar Nuevo - Vegueta - Las Palmas de Gran Canaria - dim. 10h-14h.* Spécialités culinaires de l'île et artisanat canarien à l'authenticité garantie par le *cabildo*.

11 Rastro – ***Plan Vegueta-Triana*** - *Parque San Telmo - Triana - Las Palmas de Gran Canaria - dim. 9h-14h.* Hétéroclite comme tout marché aux puces *(rastro)* digne de ce nom : des antiquités d'âge plus ou moins respectable y côtoient la friperie dans une atmosphère de vide-grenier.

12 Marché dominical de Teror – *Basílica de la Virgen del Pino - Teror - dim. 8h-14h.* Le plus traditionnel des marchés de l'île, réputé pour ses célèbres *chorizos* confectionnés dans des tripes de porc et additionnés d'ail, de paprika et de vin.

Artisanat

13 Fedac – ***Plan Vegueta-Triana*** - *C/ Domíngo J. Navarro 7 - Triana - Las Palmas de Gran Canaria- ☎ 928 38 23 61 - lun.-vend. 9h30-13h30, 16h30-20h.* Deux boutiques en une, la première privilégiant l'artisanat d'art (bijoux, céramiques), la seconde présentant des articles plus traditionnels.

23 Kactu's – *Plaza de Sintes - Teror- ☎ 928 61 35 90 - lun.-vend. 9h30-13h30, 16h30-20h.* C'est l'adresse où se procurer T-Shirts, bibelots, CD, cartes postales, mais aussi de l'artisanat local comme les bijoux, la céramique, les objets en bois et quelques spécialités gourmandes telles que le miel, les liqueurs et autres produits d'épicerie fine. L'occasion de faire le plein de petits souvenirs sans se ruiner ! Quatre autres boutiques sur l'île : deux à Las Palmas, une à Arucas et une autre à Agaete.

24 Tierra – ***Plan Vegueta-Triana*** - *C/ Triana 7 - Triana - Las Palmas de Gran Canaria- ☎ 928 38 56 26 - www.amigosdetierra.com.* Grand choix de bijoux de style éthnique confectionnés à la main, ornés de perles, de pierres ou de cuir. Simples ou travaillés, ils sont déclinés en une infinité de couleurs. Boucles d'oreilles, bagues, colliers... il y en a pour tous les goûts.

Librairie

14 Librería del Cabildo – ***Plan Vegueta-Triana*** - *C/ Cano 24 - Triana - Las Palmas de Gran Canaria- ✆ 928 38 15 39 - 9h30-13h30 et 16h30-20h sf sam. apr.-midi et dim.* Cartes et guides sur toutes les îles de l'archipel, livres de fond sur l'histoire et les traditions locales, essentiellement en espagnol.

Spiritueux

15 Destilerías Arehucas – *Era de San Pedro - Arucas - ✆ 928 62 49 00 - lun.-vend. 9h-14h (13h en été).* Cette distillerie fondée en 1884, la plus grande des Canaries, se visite. Dans la boutique, rhum vieux et liqueurs à la crème de café, à la banane ou au miel...

Textiles

16 Fataga – ***Plan Las Palmas*** - *Pueblo Canario - Parque Doramas - Las Palmas de Gran Canaria - ✆ 928 24 39 11 - 9h30-13h30, 17h-19h30 sf sam. et dim. soir.* Les descendants de Néstor Martín-Fernández maintiennent contre vents et marées la tradition des vêtements régionaux. Crochet *(ganchillo)* et broderie *(bordados)* des principales îles de l'archipel. Venez-y un dimanche matin : un spectacle *(11h30-13h)* de danse en costumes régionaux se tient en face de la boutique.

25 Regalos la Perla – *Lugar Playa de Tauro - Mogan - ✆ 928 56 50 69 -.* Cette petite boutique propose de jolis vêtements de coton peints à la main. Une adresse originale et bon marché.

Grands magasins

17 El Corte Inglés – ***Plan Las Palmas*** - *Av. José Mesa y López 15-18 - Las Palmas de Gran Canaria - ✆ 928 26 30 00 - 9h-21h30.* Mode, décoration, parfumerie, et un restaurant au 7ᵉ étage.

Centre commercial

18 Centro comercial el Muelle – ***Plan Las Palmas*** - *Jetée de Santa Catalina- Las Palmas de Gran Canaria - ✆ 928 32 75 27 - 10h-22h.* Sur 4 étages, les grandes marques espagnoles de prêt-à-porter, chaussures, déco, etc.

Rue commerçante

19 Calle Mayor de Triana – ***Plan Vegueta-Triana*** - *Triana - Las Palmas de Gran Canaria - 9h30-13h30, 17h-20h sf dim.* Traversant le quartier pour relier Vegueta à la plaza San Telmo, cette agréable rue piétonne vous permettra d'allier le plaisir de la flânerie (belles façades classiques ou Art Nouveau) à celui du lèche-vitrine. Mode, bijouteries, librairies ; nombreux petits restaurants et bars dans les rues adjacentes.

LANZAROTE

Plan détachable

Beauté

20 Aloe Vera House – *C/ El Cortijo 2 - Arrieta - ✆ 928 84 82 03 - 10h-18h sf dim.* Rappelant les multiples vertus de la plante, ce musée-boutique propose à la vente huiles relaxantes, onguents et crèmes de soin.

Marché artisanal.

Vins

21 Bodega La Geria - *LZ 30, km 19 - à env. 4 km de Yaiza - ✆ 928 17 31 78 - www.lageria.com - lun.-sam. 10h-20h, dim. et j. fériés 11h-19h.* En activité depuis la fin du 19e s., cette *bodega* produit des vins « jeunes » élaborés à partir du cépage malvoisie. Visite des installations *(lun.-vend. à 13h sur réserv. préalable - 8 €)*, dégustation et vente.

Rue commerçante

22 Calle León y Castillo - *Arrecife - lun.-sam. 9h30-13h30 et 17h-20h.* Piétonne dans sa partie sud, c'est l'artère commerçante de la ville : marques espagnoles de prêt-à-porter, parfumeries, papeterie et un supermarché.

FUERTEVENTURA

Plan détachable

Artisanat

30 Tienda de Artesanía - *C/ Roberto Roldán s/n - Betancuria - ✆ 928 87 82 41 - mar.-sam. 10h-18h.* Textiles et cuir, céramique, vannerie, bijoux : la terre, le bois et l'argent métamorphosés par les mains des artisans.

LA PALMA

Plan détachable

Marchés

40 La Recova (mercado municipal) - *Av. El Puente - Santa Cruz de La Palma - lun.-vend. 7h-14h, sam. 7h-15h.* Fruits et légumes de l'île, vins,

A. Paredes/age fotostock

Boîtes peintes à la main.

fromages et charcuterie du terroir ou de la péninsule.

41 Rastro - *Parking du port - Santa Cruz de La Palma.* Le marché aux puces *(rastro)* de Santa Cruz se tient les 1er et 3e dim. du mois de 9h à 14h. Brocante et artisanat.

Artisanat

42 Centro de Artesanía del Cabildo - *C/ O'Daly 22 - Santa Cruz de La Palma - ✆ 922 42 31 00 - lun.-vend. 10h-13h30, 17h-19h30 (8h-14h en été).* Expo-vente d'artisanat sous l'égide du *cabildo* : la qualité est au rendez-vous.

Bijoux

43 Lava Cristina - *C/ Pérez de Brito 28 - Santa Cruz de La Palma - ✆ 922 41 71 69 - 10h-14h, 16h30-20h* *sf sam. apr.-midi et dim.* Créations originales de bijoux en pierre volcanique.

Cigares

44 Tabacos El Rubio – *C/ 30 de Mayo 10 - San Pedro (Breña Alta) - ✆ 922 43 70 67 - www.tabacoselrubio.com - 9h-13h et 16h-18h.* À côté de la boutique, vous verrez les ouvrières rouler et couper les cigares dans la meilleure tradition de l'île.

Gastronomie

45 Vinatería Albillo – *C/ Pérez de Brito 59 - Santa Cruz de La Palma - ✆ 922 41 08 95 - 10h-13h30, 17h-20h sf sam. apr.-midi et dim.* Miel, vins, *mojos* et *almogrote* de La Palma, mais aussi produits traditionnels de la péninsule (jambon fumé, huiles d'olive, etc.). Une adresse alléchante !

Soie

46 Taller Las Hilanderas (musée de la Soie) – *C/ Manuel Taño 6 - El Paso - ✆ 922 48 56 31 - lun.-vend. 10h-13h, mar. et jeu. 17h-19h.* Robes, chemises, cravates et sacs à main en soie *(seda)* sont vendus dans la boutique attenante à l'atelier *(voir p. 59)*.

LA GOMERA

Plan détachable

Les produits estampillés « Alimentos de La Gomera », un label affiché dans la plupart des épiceries de l'île, vous garantissent une provenance locale et une fabrication artisanale. Vous y retrouverez les spécialités de La Gomera : *almogrote* (pâte de fromage au poivron, à l'ail et à l'huile d'olive), miel de palme, fromage de chèvre, *mojos* (poivrons verts ou rouges en purée), confitures et autres douceurs.

Marchés

50 Mercado Municipal – *Av. de Cólon (gare routière) - San Sebastián de la Gomera - 9h-16h.* Venez-y de préférence un merc. ou un sam., jours où les petits producteurs viennent vendre fromages de chèvre, *mojos*, *almogrotes* et tous les fruits tropicaux cultivés sur les terres basses de l'île : caramboles, papayes, mangues, kiwis, oranges, avocats, kakis, noix de macadamia, fruits de la passion *(maracuja)*. Également des pâtisseries traditionnelles et du miel de l'île.

Cuir

51 Arte en piel – *Av. La Calera 8 - Valle Gran Rey - ✆ 607 56 12 47 - 9h-15h sf dim. et mar.* Atelier-boutique de travail du cuir et fabrication de chaussures.

EL HIERRO

Plan détachable

Artisanat

60 Centro Etnográfico Casa de Las Quinteras – *C/ Armas Martel s/n - Valverde - ✆ 922 55 20 26 - lun.-vend. 9h-14h, sam. et j.fériés 10h30-13h, 16h30-18h30.* Expo-vente d'artisanat traditionnel. On vous y donnera tous les renseignements sur les autres ateliers qui perpétuent les traditions de l'île.

Sortir

Dans le chef-lieu de chacune des îles, quelques salles programment des spectacles de qualité. En dehors de ces villes et des grandes stations balnéaires qui restent animées tard dans la nuit, vos soirées seront plutôt tranquilles et contemplatives.

Les adresses que nous avons sélectionnées sont positionnées sur le plan détachable à l'intérieur de la couverture ou sur les plans de Santa Cruz de Tenerife p. 19, de Las Palmas de Gran Canaria p. 37 et de Vegueta-Triana p. 35; elles sont repérables grâce à des pastilles numérotées (ex. 1).

TENERIFE

Plan de Santa Cruz de Tenerife p. 19

Plan détachable

1 **Auditorio de Tenerife** – ***Plan Santa Cruz*** - *Av. Constitución 1- Santa Cruz de Tenerife - 922 56 86 00 - www.auditoriodetenerife.com.* Rien que pour l'audacieuse architecture du bâtiment *(voir p. 20)*, le détour s'impose. Concerts symphoniques, comédies musicales, danse contemporaine et ballets classiques.

2 **Centro Cultural El Tanque** – ***Plan Santa Cruz*** - *C/ Fuente de Santa Cruz s/n - Santa Cruz de Tenerife - 922 53 32 72 - www.gobiernodecanarias.org.* Installé dans une ancienne raffinerie, cet espace culturel se veut la mémoire de l'histoire industrielle de la ville. Théâtre, concerts, danse, spectacles audiovisuels et multimédias.

3 **TEA (Tenerife Espacio de las Artes)** – ***Plan Santa Cruz*** - *Av. de San Sebastián 10 - Santa Cruz de Tenerife - 922 84 90 57 - programme des spectacles sur www.teatenerife.es.* Expos photo, cinéma, ateliers, spectacles.

4 **Pirámide de Arona** – *Av. Américas s/n - Playa de las Américas - 922 75 75 49 - billets sur www.ticketing.expogrupo.com.* Ballets, flamenco, chorégraphies dans cet édifice néo-égypto-gréco-romain tout rose...

GRAN CANARIA

Plan de Las Palmas p. 37

Plan de Vegueta-Triana p. 35

10 **Teatro Pérez Galdós** – ***Plan Vegueta-Triana*** - *Plaza Stagno 1 - Las Palmas de Gran Canaria - 928 43 33 34 - www.auditorioteatrolaspalmasgc.es.* Ballets, concerts, récitals, opéra, jazz.

11 **Auditorio Alfredo Kraus** – ***Plan Las Palmas*** - *Au bout du Paseo de las Canteras - Las Palmas de Gran Canaria - 928 49 17 70 - www. auditorio-alfredokraus.com.* Beau programme de concerts jazz et classique en soirée.

12 **La Azotea de Benito** – ***Plan Vegueta-Triana*** - *Centro comercial Monopol, 2e ét. - Plaza Hurtado de Mendoza 1 - Las Palmas de Gran Canaria - 928 36 74 50 - jusqu'à 1h en semaine et 2h le week end.* L'adresse incontournable où siroter de très bons cocktails à ciel ouvert. Cher cependant.

K. Kozlowski/age fotostock

Santa Cruz de la Palma, boire un verre pendant le carnaval.

LANZAROTE

Plan détachable

Rendez-vous sur le site www.pulpolanzarote.com pour suivre l'actualité culturelle de l'île.

20 Cueva de los Verdes / Jameos del Agua – Les deux espaces aménagés par César Manrique accueillent les conciertos de Verano, une série de concerts de musique classique, de jazz et de salsa dans un décor exceptionnel. Rens. www.centrosturisticos.com.

FUERTEVENTURA

Plan détachable

30 Teatro del Cabildo Insular – *C/ Ramiro de Maeztu 1 - Puerto del Rosario - ☎ 928 53 21 86.* C'est l'auditorium à la plus vaste programmation de l'île. Les spectacles ayant souvent lieu dans d'autres localités, consultez le programme du moment sur www.cabildofuer.es.

LA PALMA

Plan détachable

40 Teatro Circo de Marte – *C/ Virgen de la Luz 5- Santa Cruz de La Palma - ☎ 922 42 00 07 - www.santacruzdelapalma.es/circodemarte.* Concerts classiques et groupes folkloriques.

Sports et loisirs

Les amateurs de **glisse** se régalent sous les alizés canariens : surfeurs, kitesurfeurs, véliplanchistes, tous y ont leurs spots de prédilection.
Leurs reliefs particuliers font aussi des îles Fortunées un lieu à part pour les adeptes des **sports aériens**. Si seuls les pratiquants chevronnés viennent y voler de leurs propres ailes, il serait dommage de manquer l'occasion d'un baptême de l'air libre au-dessus des volcans...
Quant aux îles occidentales, les plus vertes, on y pratique surtout la **randonnée**, à vélo ou à pied. Tous les parcs nationaux possèdent un *centro de visitantes* qui vous fournira la carte des sentiers pédestres et surtout les **prévisions météorologiques**; passez-y impérativement avant d'entreprendre une excursion en montagne, le temps change ici à une allure extrême.

N'oubliez pas... Certaines îles (Lanzarote, Fuerteventura et certaines parties de Tenerife) sont dépourvues d'ombre : n'oubliez ni votre chapeau ni eau en abondance. À l'inverse, dans le parc de Garajonay (La Gomera), à La Palma ou au Monte de las Mercedes (Tenerife), les chemins traversent des forêts pluviales : pensez à prendre votre coupe-vent et votre polaire.

Les adresses que nous avons sélectionnées sont positionnées sur le plan détachable à l'intérieur de la couverture; elles sont repérables grâce à des pastilles numérotées (ex. 1).

Randonnée

Soucieuse de promouvoir cette forme *eco-friendly* de découverte, chaque représentation touristique propose une carte des sentiers pédestres balisés de son île, précisant les temps de parcours (de quelques heures à quelques jours), les niveaux de difficulté et les lieux de halte. Distinguez les **PR** (petite randonnée, moins d'une journée de marche) et les **SL** (sentiers locaux, boucles de moins de 10 km). Le sentier de grande randonnée **GR 131**, bien balisé, traverse tout l'archipel : une belle manière de découvrir chaque type de paysage, des plus minéraux (Lanzarote) aux plus végétaux (La Palma).

VTT

Vous trouverez aisément des boutiques louant *mountain bikes* et équipement *(comptez 20 €/j pour l'ensemble)*. Certaines proposent des excursions guidées pour rayonner dans les montagnes et les champs de lave.

Plongée

Si Fuerteventura et Lanzarote disposent d'aires maritimes protégées, c'est El Hierro qui se prête le mieux à la plongée grâce à ses tombants abrupts très proches des côtes : fonds marins spectaculaires, faune abondante (raies, requins, baleines), visibilité de 30 à 40 m et température plaisante (18 à 24 °C toute l'année). L'île compte 25 spots

Surfeurs à Fuerteventura, Parc Naturel de Corralejo.
P. Alix/Iconotec/Photononstop

de plongée, l'un des meilleurs étant celui de Mar las Calmas (réserve marine de Punta Restinga), au sud de l'île.

TENERIFE

Plan détachable

Parapente

1 **Parapente Canarias** – *C/ Cupreso 4 - Santa Úrsula - Tenerife - ✆ 922 30 20 64 - www.parapentecanarias.com (tél. avant de vous déplacer)*. Pour un survol (en biplace, rassurez-vous) des pentes enneigées du Teide, des volcans de Lanzarote, des forêts de La Palma, de El Hierro ou de Gran Canaria *(de 20mn à 1h30 - 75-150 € en biplace)*.

GRAN CANARIA

Plan détachable

Saut en tandem

10 **Skydive Gran Canaria** – *Aeroclub El Berriel, au km 43 de la GC-1 - Gran Canaria - ✆ 928 15 73 25 - www.skydivegrancanaria.es*. Organise des baptêmes de chute libre en tandem *(225 €)*. Adrénaline garantie...

FUERTEVENTURA

Plan détachable

VTT

30 **Vulcano Bike** – *C/ Acorazado España 10 - Corralejo - Fuerteventura - ✆ 928 53 57 06 - www.vulcano-biking.com - 10h-13h, 18h-20h sf dim.*

P. Kennedy/Photononstop

Deltaplane.

Surf, kitesurf et windsurf

Fuerteventura se veut la championne des îles en la matière. Ses côtes nord et nord-ouest sont les plus propices à la pratique du surf avec leurs rouleaux et leurs tubes, tandis que la côte sud-est, aux eaux plus calmes, attire kitesurfeurs et windsurfeurs.

31 **Surf Camp Fuerteventura** – *C/ El Cangrejo 16 - Corralejo - Fuerteventura - ✆ 650 12 99 63 - www.freesurfersschool.com*. Des cours de surf, kitesurf et windsurf en programmes de 1 à 5 j. *(en semaine ; 40 à 45 € la session de 4h)*, pour tous niveaux.

LA PALMA

Plan détachable

Randonnée

40 **NAToUR trekking** – *Aptos. La Cascada s/n - Breña Baja - Playa de Los Cancajos- lun.-vend. 9h-13h, 16h-20h, w.-end 17h-19h - ✆ 922 43 30 01 - www.natour.travel - tlj.* Propose une douzaine de circuits ou des transferts en bus sur La Palma pour découvrir la route des volcans, le Teneguía ou la Caldera de Taburiente : à chaque jour de la semaine son programme.

VTT

41 **Bike Station de La Palma** – *Av. Cruz Roja 3 - Los Llanos de Aridane - La Palma - ✆ 922 40 83 55 - www. bike-station.de - 9h-12h, 18h-20h sf dim.*

Spéléo et rappel

42 **Ekalis** – *C/ La Molina 9 bajo C - Villa de Mazo - La Palma - ✆ 922 44 45 17 - www.ekalis.com.* Dans la grotte du Todoque, vous ferez l'expérience de la spéléologie en tube volcanique *(certains parcours accessibles aux débutants).* Les plus expérimentés tenteront la grotte de Benisahare. Organise aussi des descentes en rappel dans le Barranco de la Madera, près de l'église de Las Nieves.

LA GOMERA

Plan détachable

VTT

50 **Bike Station Gomera** – *Avda. Maritima, 10 (face à l'hôtel Gran Rey) - Valle Gran Rey - La Gomera - ✆ 922 80 50 82 - www.bike-station-gomera.com - 9h-13h, 17h-20h sf dim.*

Sorties en mer

51 **Oceano** – *C/ Quema 7 - Valle Gran Rey - La Gomera - ✆ 922 80 57 17 - www.oceano-gomera.com.* Excursions de 3 à 4h *(40 €/pers.)* à la rencontre des dauphins, des orques et des baleines.

EL HIERRO

Plan détachable

Plongée

60 **Centro de Buceo El Hierro** – *C/ El Rancho 12 (à l'angle de la C/ El Carmen) - La Restinga - El Hierro - ✆ 922 55 70 23 - www. centrodebuceoelhierro.com.* Un des pionniers de l'île (depuis 1978) pour les cours et les plongées. *Env. 45 € pour un baptême, env. 35 € pour une plongée solo avec l'équipement.*

Se loger

En haute saison touristique (nov.-avr.), il est prudent de réserver sa chambre avant d'arriver dans les îles. C'est particulièrement vrai entre Noël et le jour de l'An, durant le Carnaval (fév.-mars), et la Semana Santa (Pâques). Fortes de plusieurs décennies de tourisme de masse, les stations balnéaires des plus grandes îles ont multiplié complexes résidentiels et d'appart-hotels d'une taille démesurée. Dans les îles du Sud, La Palma, La Gomera et El Hierro, à l'inverse, ce sont les *casas rurales* qui ont le vent en poupe. Notre sélection privilégie les établissements à taille humaine, soucieux de leur cadre et de la qualité de leur accueil. Les fourchettes de prix indiquées correspondent à une chambre double en haute saison. Dans les hôtels, le petit-déjeuner est la plupart du temps inclus dans le prix, généralement sous forme de buffet; seuls les établissements les plus modestes ne proposent pas cette option.

Louer un appartement

La formule peut se révéler avantageuse, surtout si vous êtes plusieurs et même pour 2 ou 3 nuits. Les appartements étant dotés de kitchenettes équipées, cette solution vous permettra en outre d'apprêter vous-même les excellents produits du terroir et d'économiser sur les frais de restaurant. Plusieurs centrales de réservation regroupent des dizaines d'offres pour des locations de courte durée sur les sept îles et donnent leur description agrémentée de quelques photos. En principe, vous versez des arrhes à la location, le solde et la caution une fois arrivés sur place (attention, certains propriétaires exigent des espèces). *Sites internet spécialisés dans l'hébergement sur les îles : voir p. 103.*

Les adresses que nous avons sélectionnées sont positionnées sur le plan détachable à l'intérieur de la couverture ou sur les plans de Santa Cruz de Tenerife p. 19 et Las Palmas de Gran Canaria p. 37; elles sont repérables grâce à des pastilles numérotées (ex. 1). Les coordonnées en rouge dans le texte font référence aux plans des villes ou au plan détachable.

TENERIFE

Plan détachable ou plan p. 19

Balnéaire et dédiée au tourisme de masse dans sa partie sud, l'île propose des hébergements dotés de plus de cachet dans la capitale et aux environs. Mieux vaut d'ailleurs résider dans la partie nord de l'île pour la visiter en suivant la course du soleil.

De 70 à 80 €

1 **Hotel Príncipe Paz** – ***Plan p. 19***
C/ Valentín Sanz 33 - Santa Cruz de Tenerife - 922 24 99 55 - www.hotelprincipepaz.com - 80 ch. - (payant). L'immeuble, quoique sans grâce, est idéalement situé dans le centre historique de la capitale. Ses chambres immaculées, fonctionnelles

et dotées d'une belle vue pour celles situées en étages, constituent un bon rapport qualité-prix. Tarifs plus intéressants en fin de semaine.

2 **Hotel Aguere** – ***plan détachable*** *C/ Obispo Rey Redondo 55 (anc.C/ Carrera) - La Laguna - ✆ 922 31 40 36 - www.hotelaguere.es - 23 ch.* Dans une rue piétonne, en plein cœur historique de l'ancienne capitale, ses chambres occupent un édifice du 18ᵉ s. Réparties en galerie autour d'un patio verdoyant qu'éclaire une belle verrière, elles s'avèrent confortables malgré un aménagement quelque peu désuet.

4 **Barceló Santa Cruz Contemporáneo** – ***Plan p. 19*** *- Rambla de Santa Cruz 116 - Santa Cruz de Tenerife - ✆ 922 27 15 71 - www.barcelo.com - 150 ch.* À côté du parque García Sanabria, l'immeuble soigne son *design* et ne dédaigne pas un petit air japonais que souligne le mariage des bois noirs et des meubles crème. Les chambres, lumineuses, vous offriront tout le confort rêvé.

À partir de 150 €

3 **Parador de las Cañadas del Teide** – ***plan détachable*** *Las Cañadas del Teide - ✆ 922 38 64 15 - www.paradores.es - 34 ch.* C'est le seul hôtel installé dans le parc national du Teide. Vous serez aux premières loges pour voir le jour se lever sur le pic enneigé : un spectacle inoubliable. L'hôtel, à 2140 m d'alt., propose des chambres confortables malgré leur décoration un rien vieillotte.

5 **Hotel San Roque** – ***plan détachable*** *C/ Estebán de Ponte 32 - Garachico - ✆ 922 13 34 35 - www.hotelsanroque.com - 20 ch. - solarium, sauna, tennis, VTT.* Un hôtel de luxe et de charme à la fois, dans une ruelle du centre historique. Le rouge de Pompéi et le balcon en bois du patio donnent le ton : la décoration est un savant mariage entre l'ancien et le moderne, le *design* avant-gardiste et la tradition. Les chambres (certaines en duplex) sont grandes et très confortables. Service aux petits soins. L'une des trop rares adresses de réelle qualité sur l'île.

GRAN CANARIA

Plan détachable ou plan p. 37

Sauf à loger dans les complexes résidentiels de vacances qui jalonnent la côte sud, autour de Maspalomas, vous opterez entre Las Palmas, capitale à la vie culturelle importante, et les hébergements établis dans les petites localités, qui vivent à un rythme plus paisible.

De 80 à 120 €

10 **Escuela Rural Casa de Los Camellos** – ***plan détachable*** *El C/ Progreso 12 (angle Retama) - Agüimes - ✆ 928 78 50 03 - www.hecansa.com - 12 ch.* Petit hôtel accueillant dans la vieille ville. Rustiques et chaleureuses à la fois, plaisantes et bien décorées, les chambres sont recouvertes de parquet. La demeure a conservé ses anciennes écuries à chameaux et possède d'agréables patios et jardins.

11 Finca Las Longueras Hotel Rural – ***plan détachable*** *Agaete - ✆ 928 89 81 45- www.laslongueras.com -* ✕ ⛱ P *- 10 ch.* Cette ancienne exploitation agricole du 19e s., établie parmi les plantations de fruits tropicaux de la vallée d'Agaete, accueille ses hôtes avec un réel souci de convivialité, de confort et de calme. Le soir, sur demande préalable, on s'attable à la bonne franquette pour partager le menu de la maison *(18 €)*.

À partir de 140 €

12 Hotel Santa Catalina – ***Plan p. 37*** *C/ León y Castillo, 227 - Las Palmas de Gran Canaria - ✆ 928 24 30 40 - www.hotelsantacatalina.com - -* ✕ ⛱ P *- 202 ch. - Navette pour la plage, spa, jacuzzi.* Au bas du parque Doramas, face au Pueblo Canario, ce très bel hôtel maintient une tradition de luxe et de qualité (même si certaines chambres mériteraient un léger rafraîchissement et une meilleure insonorisation) depuis sa fondation en 1890. Agatha Christie, Winston Churchill, María Callas ont apprécié ses chambres spacieuses avec balcon, pourvues aujourd'hui du confort le plus moderne.

13 Hotel Reina Isabel – ***Plan p. 37*** *C/ Alfredo L. Jones 40 - Las Palmas de Gran Canaria - ✆ 928 26 01 00 - www.bullhotels.com* ✕ ⛱ P *-208 ch. - Solarium.* Sur la promenade de la plage de Las Canteras, un hôtel de standing au luxe aseptisé comme ses marbres. Entretien et service impeccables, pour des chambres qui, si elles n'offrent guère de personnalité, bénéficient de tout le confort et surtout d'une vue splendide sur la baie.

LANZAROTE

Plan détachable

Les grandes stations balnéaires comme Playa Blanca, Costa Teguise ou Puerto del Carmen drainent un tourisme tout-inclus. Si vous optez pour un hébergement en *casa rural*, vous trouverez votre bonheur sur le site www.lanzarote.com/es/turismo-rural. Pour un court séjour, mieux vaudra être basé à Arrecife, la capitale de l'île, qui bat au rythme de la vie locale et qui, centrale, sera plus pratique pour rayonner sur l'île.

De 50 à 60 €

20 Hotel Miramar – *Av. Coll 2 (front de mer) - Arrecife - ✆ 928 80 15 33 - www.hmiramar.com -* ✕ P *- 85 ch.*Certes ce grand bâtiment des années 1980 n'a pas beaucoup d'âme, mais on l'oublie en ouvrant les fenêtres et en découvrant la baie. Chambres spacieuses, lumineuses et avec balcon ; préférez celles du 5e étage. Proche du centre historique et commerçant d'Arrecife, face au Castillo San Gabriel.

À partir de 100 €

21 Arrecife Gran Hotel – *Parque Islas Canarias, sur le front de mer - Arrecife - ✆ 928 80 00 00 - www.aghotelspa.com -* ✕ ⛱ P *(payant) - spa - 160 ch.* Les chambres grimpent jusqu'au 16e étage de cette tour de verre qui domine la ville et la plage du Reducto. Sobres, élégantes et chaleureuses avec leur parquet ciré, elles associent vue imprenable et confort (sdb de marbre, minibar, coffre).

Gran Canaria, hôtel Santa Catalina.

22 **Gran Meliá Salinas** – *Av. Islas Canarias 16 - à la sortie nord de Costa Teguise - ✆ 928 59 00 40 - www.gran-melia-salinas.com - 272 ch. -* ✕ 🏊 P *- salon de beauté, fitness center, boutique.* Son hall d'entrée vous fera plonger dans une luxuriante végétation tropicale contrastant avec l'austérité minérale de l'île. Disposées en gradins, les chambres jouissent toutes d'une belle terrasse donnant sur la mer. Autour de l'immense piscine-lagon dessinée par César Manrique, élégance, luxe et raffinement sont au rendez-vous. Et pour une nuit de luxe, 9 *garden-villas* de 120 m^2 avec jardin et piscine privés...

FUERTEVENTURA

Plan détachable

Peu d'options en dehors des énormes complexes de Morro Jable, Corralejo ou Caleta de Fuste. La capitale reste un point pratique pour rayonner sur l'île.

De 50 à 70 €

31 **Maravilla Bungalows** – *El Cotillo - ✆ 609 54 54 26 (portable) - www.maravilla.at -* 🏊 *- 10 appart.* Sur la plage, ce petit complexe à taille humaine propose 4 types d'appartements, du studio au 3 pièces, tous dotés d'une cuisine équipée, d'une terrasse ou d'un jardinet privatif. Une excellente option pour un séjour au calme.

30 **Hotel JM Puerto del Rosario** – *Av. Ruperto González Negrín 9 - Puerto del Rosario - ✆ 928 85 94 64 - www.hoteljmpuertodelrosario.com -* ✕ *- 88 ch.* À l'entrée du port, cette tour de 10 étages offre de magnifiques vues sur la baie. Ses chambres, agréables avec leurs tons jaune clair et leurs sdb spacieuses, sont moins chères en fin de semaine.

LA PALMA

Plan détachable

Le tourisme vert rencontre un véritable engouement sur l'île et la location de *casas rurales* ou d'appartements représente la forme la plus prisée d'hébergement. Une coopérative de propriétaires gère ces locations : **Asociación turismo rural Isla Bonita** – *C/ O'Daly 39 - Santa Cruz de la Palma - ✆ 922 43 06 25 - www.islabonita.es - lun.-vend. 9h-13h, 16h-19h, sam. 9h-13h.*

De 40 à 60 €

40 **Apartamentos La Fuente** – *C/ Pérez de Brito 49 - Santa Cruz de La Palma - ✆ 922 41 56 36 - www.la-fuente.com - 16 appart.* - Plusieurs maisonnettes de la capitale, de taille et de situation variées, ont été rénovées dans le respect de l'architecture traditionnelle et équipées pour de courts séjours. Également un moulin à eau restauré, à quelques minutes de Las Nieves, et d'autres appartements à Puerto de Tazacorte.

De 70 à 90 €

41 **Aparthotel El Galeón** – *C/ El Galeón 10 - Santa Cruz de La Palma - ✆ 922 41 10 00 - www.hotelelgaleon.com - 25 appt. -* P Dans un grand

bâtiment bordeau sur la route en corniche qui domine le port, ces confortables appartements d'une ou deux chambres offrent tous une vue sur la mer. Bien équipés, impeccablement entretenus, ils sont dotés de petites terrasses privées. Petit-déjeuner buffet.

42 **La Palma Romántica** – *C/ Las Llanadas s/n - Barlovento - ✆ 922 18 62 21 - www.hotellapalmaromantica.com - - 42 ch. - Spa, tennis.* Sur les hauteurs de Barlovento (à 2 km du centre), cet établissement mise avant tout sur la tranquillité. Les chambres, dans de chauds tons rouge et jaune, disposent d'un balcon sur la vallée ou ouvrent de plain-pied sur le jardin. Beau jardin d'hiver vitré où prendre le petit-déj. L'ensemble mériterait tout de même un coup de jeune et un zeste de peps.

LA GOMERA

Plan détachable

La formule en vogue est celle de la location d'appartement, en général à la semaine ; voyez les offres sur www.turismoruralgomera.com ou http://casasruralesdelagomera.es.

Autour de 50 €

50 **Hotel Villa Gomera** – *C/ Ruiz de Padrón 68 - San Sebastián de la Gomera - ✆ 922 87 00 20 - www.hotelvillagomera.com - 20 ch.* Une façade quelconque et des chambres plus fonctionnelles qu'élégantes, mais une adresse impeccable de propreté, au personnel accueillant, et située au centre-ville ; bien pratique si vous arrivez par le ferry du soir.

À partir de 130 €

51 **Parador de la Gomera** – *Cerro La Horca s/n - San Sebastián de la Gomera - ✆ 922 87 11 00 - www.paradores.es - - 58 ch.* Sa situation en surplomb de la mer assure des vues imprenables sur l'île voisine de Tenerife tout en étant à quelques minutes du centre historique. Les intérieurs de l'hôtel, spacieux et lumineux, mêlent style castillan et décoration élisabéthaine au fil de patios et de jardins intérieurs ; une halte agréable.

EL HIERRO

Plan détachable

Si le temps n'est plus à la chambre chez l'habitant, une option qui a pris aujourd'hui la forme des *casas rurales (voir www.elhierro-rural.com et p. 103),* les hébergements classiques, eux, se comptent encore sur les doigts de la main. Tous privilégient la tranquillité au cœur de la nature.

À partir de 100 €

60 **Parador de El Hierro** – *Las Playas, à 12 km de Puerto de la Estaca, l'embarcadère des ferries - ✆ 922 55 80 36 - www.paradores.es - - 47 ch.* Sur la plage de sable noir, face au Roque de la Bonanza. Réparties dans plusieurs constructions traditionnelles d'un étage, les chambres, proprettes et accueillantes, pourraient cependant être plus vastes. Demandez celles dont le balcon-terrasse donne sur la mer. Pour un séjour au grand calme, entre mer et montagne.

ROSA MARIA SEGUNDO
PEDRO

Les Canaries pratique

Préparez votre voyage

Formalités d'entrée, aller en avion, Aller en ferry, Argent, Saisons et climat ... 102

Pour en savoir plus ... 103

Votre séjour de A à Z

Banques, Consulats, Décalage horaire, Eau, Électricité, Handicapés, Hébergement ... 104

Horaires, Internet, Jours fériés Langue, Liaisons inter-îles ... 105

Location de moto, de voiture, Loisirs ... 107

Offices de tourisme ... 108

Poste, Pourboire, Presse, Restauration ... 109

Sécurité, Tabac, Tascas ... 110

Taxis, Téléphone, Transports en commun ... 111

Toilettes, Visites ... 112

Agenda culturel

Fêtes religieuses, Festivals et ferias ... 114

Lanzarote.

C. Sanchez/Axiom Photographic/age fotostock

Préparez votre voyage

FORMALITÉS D'ENTRÉE

Pièce d'identité – La carte nationale d'identité suffit pour les ressortissants de l'UE et pour les Suisses; un passeport en cours de validité sera demandé aux Canadiens.

ALLER EN AVION

Depuis la France et la Belgique, il vous faudra souvent changer d'appareil à Madrid ou à Barcelone. Compter 3h30 pour un vol direct depuis Paris.
voir p. 3 pour les principaux aéroports des Canaries.

Compagnies régulières

Air France – Assure des vols jusqu'à Madrid - ✆ 3654 - www.airfrance.fr.
Iberia – La compagnie espagnole dessert les Canaries mais ne propose pas de vols directs depuis Paris ou Bruxelles.
En **France** – Terminal Orly-ouest - ✆ 0 820 075 075 - www.iberia.com.
Swiss International Air Lines – Vols directs pour Tenerife, Fuerteventura et Lanzarote depuis Zurich - www.swiss.com.
Air Europa – Vols de Paris CDG vers Tenerife, Gran Canaria, Fuerteventura et Lanzarote via Madrid - www.aireuropa.com.

Compagnies low-cost

Vueling – Liaisons directes avec Gran Canaria depuis Paris-Orly - www.vueling.com.
Ryanair – Deux vols/sem. sur Tenerife Sur depuis Beauvais - www.ryanair.com/fr.
Jetairfly – Vols hébdomadaires sur Tenerife, Lanzarote, La Palma, Gran Canaria et Furteventura depuis Bruxelles - www.jetairfly.com.

ALLER EN FERRY

Les liaisons maritimes entre la péninsule Ibérique (Cadiz, avec Trasmediterranea - www.trasmediterranea.es; Huelva avec Navieras - www.navieraarmas.com) et les Canaries prennent 1 à 2 jours... À moins de vouloir passer votre week-end en mer, prenez l'avion!

ARGENT

Espagnoles, les îles Canaries vivent à l'heure de l'euro.

SAISONS ET CLIMAT

Aux Canaries, c'est le printemps perpétuel et l'on peut s'y baigner toute l'année. Si la neige couvre plusieurs mois par an le pic du Teide, les côtes bénéficient d'une température extraordinairement clémente : la moyenne descend rarement sous la barre des 18° C. Avec la proximité de l'Afrique, la chaleur s'accentue, mais ne dépasse pas 30° C, car elle est ici tempérée par les effets du courant froid des Canaries.

La pluie est pratiquement inexistante sur l'ensemble du territoire : les îles orientales subissent même des années de sécheresse. L'été, l'atmosphère, un peu plus lourde, reste très supportable. En toute saison, gardez une petite laine près de vous : la fraîcheur tombe vite dès que l'on prend de l'altitude ou que le soleil se couche. La haute saison touristique s'étale de janv. à mars : réservez bien à l'avance, les hôtels affichent alors souvent complet.

POUR EN SAVOIR PLUS

Office espagnol de tourisme

En **France** : 22 Rue Saint-Augustin, 75002 Paris - ✆ 01 45 03 82 50 - www.spain.info/fr_FR/.

En **Belgique** : r. Royale 97, 1000 Bruxelles - ✆ 22 80 19 26 - www.spain.info/fr_BE/.

En **Suisse** : Seefeldstrasse 19, 8008 Zurich - ✆ 44 25 36 050 - www.spain.info/de_CH/.

Offices de tourisme sur place : *p. 108.*

Sites internet généraux

Quelques sites bien faits et très complets, souvent en espagnol, parfois en anglais, plus rarement en français :

www.turismodecanarias.com – Site de l'office de tourisme des Canaries.

www.infoislascanarias.com – Une foule d'infos pratiques sur l'ensemble de l'archipel.

http://parquesnacionalesdecanarias.es – Les parcs nationaux de l'archipel.

www.webtenerife.com – Portail de l'office du tourisme de Tenerife.

www.grancanaria.com – Le site officiel du tourisme sur Gran Canaria avec des ebooks et des podcasts sur les must touristiques de l'île.

www.centrosturisticos.com et **www.turismolanzarote.com** – Bonne introduction à l'île de Lanzarote.

www.visitfuerteventura.es et **www.fuerteventuraguia.es** – Deux sites très complets pour découvrir Fuerteventura.

www.lagomera.travel – Site du Patronato de turismo de La Gomera.

www.elhierro.travel – Site de l'office du tourisme de El Hierro.

Sites internet pour se loger

Quelques-uns des nombreux sites dédiés à l'hébergement en *casa rural* :

www.casasruralestenerife.net – Pour un séjour dans les campagnes de Tenerife.

www.ecoturismocanarias.com – Locations sur El Hierro, La Palma, Tenerife, Gran Canaria, Fuerteventura.

www.grancanariarural.com – *Casas rurales* sur Gran Canaria, avec moteur de recherche par localité.

www.islabonita.es – Association de propriétaires louant maisons et appartements sur La Palma.

www.turismoruralgomera.com et **http://casasruralesdelagomera.es** – *Casas rurales* à La Gomera.

www.elhierro-rural.com et **www.elhierroyyo.com** – Contact direct avec les propriétaires pour des locations à la campagne.

Votre séjour de A à Z

BANQUES

Vous trouverez des distributeurs automatiques *(cajeros automáticos)* dans toutes les villes et stations balnéaires.
Cartes bancaires – Quoique moins utilisées qu'en France ou en Belgique, les cartes internationales sont acceptées dans la plupart des commerces, restaurants et hôtels de standing moyen ou supérieur.

CONSULATS

France – C/ Calle Robayna 25 - Santa Cruz de Tenerife - ✆ 922 53 35 36 - c.ciller@acftenerife.com
France – C/ Nestor de la Torre 12 - Las Palmas de Gran Canaria - ✆ 928 29 23 71- consulfrancelp@hotmail.com.
Belgique – C/ Villalba Hervas 4 - ✆ 922 24 11 93 - www.diplomatie.be/tenerifefr - lun.-vend. 9h-14h.
Suisse – Urbanización Bahía Feliz Edificio de Oficinas, Local 1 - Playa de Tarajalillo - Gran Canaria - ✆ 928 15 79 79 - laspalmasgc@honrep.ch.
Luxembourg – C/ Pintor Juan Guillermo 10 - Las Palmas de Gran Canaria - ✆ 928 49 52 30 -juan.melian@viajesinsular.es - lun.-vend. 10h-14h.

DÉCALAGE HORAIRE

L'heure locale est celle du méridien de Greenwich. Lorsqu'il est midi en France, il est 11h aux Canaries.

EAU

L'eau du robinet est potable mais, légèrement salée et chlorée, elle n'est pas agréable au goût. Vous trouverez de l'eau en bouteille, gazeuse *(con gas)* ou plate *(sin gas)* dans toutes les épiceries.

ÉLECTRICITÉ

Comme sur le continent, le secteur délivre du 220 Volts. Les prises sont les mêmes qu'en France.

HANDICAPÉS

Tenerife est celle des îles qui a le plus mis l'accent sur le *turismo accesible*, surtout dans sa partie sud (plage de Los Cristianos).
Plus d'infos sur www.tenerife-accesible.org.

HÉBERGEMENT

Le gros des infrastructures, conçues pour une clientèle anglo-saxonne en mal de soleil, se traduit par de gigantesques complexes hôteliers ou résidentiels avec piscines organisés autour de *shopping malls*. Les goûts s'inversant, on a vu se développer ces dernières années une forme d'agritourisme en *casa rural* *(voir p. 94 et p. 103)*, loin de tout centre urbain. Entre les deux, les alternatives manquent cruellement, et les hébergements de charme ne sont pas légion...

voir notre sélection d'adresses dans la rubrique « Se loger », p. 94.

HORAIRES

Banques et administrations – En général, lun.-vend. 9h-14h, sam. 9h-12h30 en hiver (saison touristique), fermé dim. et j. fériés.
Églises – Elles n'ouvrent souvent que pour les offices religieux.
Magasins – 9h-13h/14h et 16h/17h-20h sf parfois sam. apr.-midi et dim. Dans les zones touristiques, les supermarchés ouvrent aussi le dim. matin.
Marchés – Le matin (9h-14h env.). *voir la rubrique « Shopping », p. 83, 86 et 87.*
Musées – En général, mar.-sam. 10h-18h en hiver, jusqu'à 19h en été. Fermeture annuelle : 1er et 6 janv., 24-26 et 31 déc.
Restaurants – Vous déjeunerez entre 13h et 16h. Pour le dîner, les restaurants réouvrent à partir de 20h. *voir notre sélection d'adresses dans la rubrique « Se restaurer », p. 72.*

INTERNET

Réseau **wifi** dans les aéroports, dans la plupart des hôtels et dans certains cafés. Nombreux cybercafés dans les zones les plus touristiques.

JOURS FÉRIÉS

- **1er janvier** : Nouvel An.
- **6 janvier** : Jour des Rois mages.
- **dates variables** : Jeudi et Vendredi saints (2 et 3 avril 2015, 24 et 25 mars 2016).
- **1er mai** : Fête du travail.
- **12 octobre** : Fête de l'hispanité (fête nationale espagnole, anniversaire de la découverte de l'Amérique).
- **1er novembre** : Toussaint.
- **6 décembre** : Dia de la Constitución.
- **8 décembre** : Immaculée Conception.
- **25 décembre** : Noël.

LANGUE

On parle aux Canaries un espagnol à l'accent traînant et faisant l'économie de bon nombre de consonnes. Dans les stations balnéaires, l'allemand et l'anglais seront plus facilement compris que le français. Partout, on appréciera vos efforts pour vous exprimer dans la langue de Cervantès. *voir notre lexique sur le rabat de couverture.*

LIAISONS INTER-ÎLES

Des liaisons quotidiennes par ferry ou par avion facilitent les déplacements dans l'archipel.

Avion

De nombreux vols quotidiens, avec ou sans escale, relient les 7 îles entre elles.

Pas de panique !

Appel d'urgence européen : 112
Urgences médicales : 061
Police : 091
Pompiers : 112
Perte cartes bancaires :
Amex : 902 81 45 00
Visa : 900 99 11 24
Master Card : 900 97 12 31

Attention, La Gomera n'a de liaison directe qu'avec Tenerife; pour El Hierro, vols directs uniquement à partir de Tenerife ou de Gran Canaria. Comptez 60 € en moyenne pour un trajet de 30 à 40mn. Volant à une altitude modérée, les appareils des compagnies locales réservent de belles vues sur les volcans.

Binter Canarias - ✆ 902 39 13 92 - www.bintercanarias.com. 150 liaisons inter-îles chaque jour.

CanaryFly - ✆ 902 80 80 65- www.canaryfly.es. Relie entre elles Tenerife Norte, Gran Canaria, Lanzarote, Fuerteventura et La Palma.

Bateau

Trois compagnies se partagent la desserte des Canaries : Fred Olsen et Naviera Armas pour les liaisons inter-îles, et Trasmed qui effectue une boucle autour de l'archipel au départ de Cadiz. À titre indicatif, comptez de 27 à 42 € pour une traversée de 2h30 selon le type de bateau et sa vitesse de croisière. Billets en vente dans les gares maritimes, les agences de voyages et sur le site Internet des compagnies, où vous trouverez horaires et tarifs. Présenter une pièce d'identité à l'embarquement. Pour rejoindre une île très éloignée, il est parfois plus intéressant de prendre l'avion.

Fred Olsen - ✆ 902 10 01 07 - www.fredolsen.es. La compagnie ayant la couverture la plus dense et les fréquences les plus importantes, mais aussi la plus onéreuse. Multiples liaisons tlj entre Agaete (Gran Canaria) et Santa Cruz de Tenerife (trajet : 1h).

Naviera Armas - ✆ 902 45 65 00 - www.navieraarmas.com. Basée à Las Palmas de Gran Canaria, la compagnie dessert Santa Cruz de Tenerife (2h30), Arrecife (Lanzarote; 6h) et Puerto del Rosario (Fuerteventura; 7h30); elle relie aussi entre elles les îles occidentales.

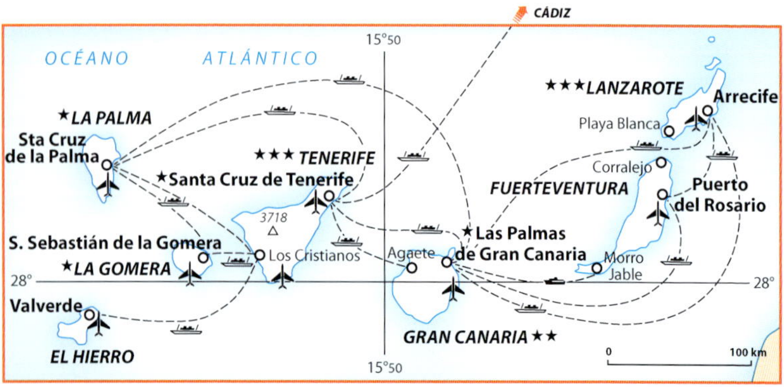

Trasmediterranea – ✆ 902 45 46 45 - www.trasmediterranea.es. La meilleur marché, elle assure des liaisons hebdomadaires omnibus entre les îles de l'archipel. Pratique pour rejoindre une île éloignée, si les horaires (souvent nocturnes) conviennent.

LOCATION DE MOTO

Comptez 30 à 40 €/j pour un scooter de 50 à 125 cc ou une moto, moins sur des formules de 3 ou 7 jours. Les loueurs tiennent boutique dans les stations balnéaires (Playa de Las Américas à Tenerife, Maspalomas à Gran Canaria, entre autres).

LOCATION DE VOITURE

Étroites et sinueuses dans les montagnes du centre des îles, ou grands axes rectilignes desservant les côtes, les routes sont, dans tous les cas, propres et bien entretenues.

Loueurs

Si le réseau de bus *(voir « Transports en commun », p. 111)* se prête à la traversée des îles, leur fréquence ne permet pas de tout visiter en un temps limité : la location d'un véhicule s'impose. Vous trouverez des loueurs dans tous les ports et aéroports des Canaries. Comptez de 30 à 40 €/j pour une voiture de catégorie A (type Fiat Uno ou Volkswagen Polo) et 110 €/j pour un 4x4. **Cicar**, la compagnie canarienne, pratique de bons tarifs. Les enseignes internationales (Hertz) présentes dans les aéroports sont souvent les seules ouvertes le sam. apr.-midi et le dim.

Stationnement

Difficile de se garer dans les rues étroites et encombrées des *cascos historicos* (centres historiques) mais vous y trouverez des parkings payants *(de 1,50 € à 2,50 €/h env.)*. Par ailleurs, des emplacements de stationnement gratuits sont aménagés à leurs abords.

LOISIRS

Parcs à thème

Vastes et bien faits, de nombreux parcs de loisirs animaliers, exotiques ou aquatiques occuperont agréablement petits et grands. C'est à Tenerife qu'ils sont les plus nombreux : **Loro Parque** (*voir p. 27*), **Jungle Park, Aqualand** entre autres. Pour les autres îles, **Mundo Aborigen** et **Palmitos Park** sur Gran Canaria, **Tropical Park** sur Lanzarote, **Oasis Park** sur Fuerteventura, **Maroparque**, **Palmex Cactus** ou encore **Parque Paraíso de las Aves** sur La Palma.

Réductions enfants : voir « Visites », p. 112.

Plages

Noires comme les volcans ou dorées comme le Sahara, de sable ou de galets, plages immenses ou petites criques isolées : l'archipel répond à toutes les attentes. Attention cependant, toutes les plages ne se prêtent pas à la baignade ; les côtes occidentales connaissent souvent une mer tumultueuse, avec rouleaux, courants et fort ressac qui les réservent aux surfeurs avertis. Tenerife, Gran Canaria et Fuerteventura sont les îles les plus prisées en matière de séjour balnéaire.

Nature et plein air

Si les sept îles se prêtent à la randonnée à pied ou en VTT, celles de La Palma et de La Gomera, plus vertes et plus ombragées, attirent le plus d'amateurs. Les sports nautiques se pratiquent plus particulièrement à Fuerteventura, Gran Canaria, Tenerife, El Hierro. D'une manière générale, les sportifs trouveront leur bonheur aux Canaries, avec un large choix d'activités : spéléo, parapente, plongée, windsurf, etc.

voir « Sports et loisirs », p. 90.

Vie nocturne

Les plus grandes villes, Santa Cruz de Tenerife, Las Palmas de Gran Canaria et, dans une moindre mesure, Arrecife (Lanzarote) ont leurs bars et discothèques, leurs salles de spectacles (auditoriums, théâtres). Les stations balnéaires comme Playa de las Américas (Tenerife), Maspalomas (Gran Canaria), Corralejo (Fuerteventura) ou Puerto del Carmen (Lanzarote), tournées vers la distraction sous toutes ses formes, connaissent des nuits animées. En dehors de ces lieux, vous vivrez au rythme canarien, plutôt paisible : villes et villages s'endorment au coucher du soleil.

OFFICES DE TOURISME

Chacune des sept îles dispose d'un ou plusieurs sites web dédiés (*voir « Sites Internet », p. 103*) et de nombreux bureaux d'information touristique *(oficinas de información turística)*, généralement bien documentés, en ville comme sur les sites balnéaires. Un interlocuteur francophone vous y fournira cartes de l'île, plans des villes, listes d'hôtels, de restaurants et d'activités sportives ou nature. Difficile, en revanche, d'y trouver de la documentation sur les îles environnantes.

Tenerife

Oficina de Información Turística de Santa Cruz – Plaza de España - Santa Cruz de Tenerife - ✆ 922 28 12 87 - lun.-vend. 9h-18h, w.-end. 9h30-13h. Autres points d'information à La Orotava, Puerto de la Cruz, Los Cristianos, Icod, Santiago et dans les deux aéroports de l'île.

Gran Canaria

CIT Gran Canaria – Plaza de Las Palmas 3 - Las Palmas de Gran Canaria - ✆ 928 24 35 93 - lun.-vend. 9h-14h.

Patronato de Turismo de Gran Canaria – C/ Triana 93 - Las Palmas de Gran Canaria - ✆ 928 21 96 00 - lun.-vend. 8h-15h. Kiosque d'infos au Parque de San Telmo et près de la plage de Las Canteras (face à l'hôtel Meliá) et pléthore d'autres bureaux sur toute l'île.

Lanzarote

Oficina de Turismo de Arrecife – Parque José Ramírez Cerdá (front de mer) - Arrecife - ✆ 928 81 31 74 - lun.-vend. 9h30-17h, sam. 10h-13h. Autres bureaux à Costa Teguise, Puerto del Carmen, Playa Blanca et à l'aéroport.

Fuerteventura

Patronato de Turismo - C/ Almirante Lallermand 1 - Puerto del Rosario - ✆ 928 53 08 44 - lun.-vend. 8h-15h. Autres points d'info à Betancuria, Corralejo, Morro Jable et à l'aéroport.

La Palma

Patronato de Turismo - Av. Blas Pérez González s/n (face à la poste) - Santa Cruz de La Palma - ✆ 922 41 21 06 - lun.-vend. 9h-14h et 16h30-19h30, sam. 9h-14h. Également à Los Llanos de Aridane, El Paso, Los Canarios.

La Gomera

Oficina de Turismo - C/ Real 4 - San Sebastián - ✆ 922 14 15 12 - lun.-sam. 9h-13h30 et 15h30-18h, dim. 10h-13h. Autres points d'info à Valle Gran Rey et Playa Santiago.

El Hierro

Oficina de Turismo - C/ Dr Quintero Magdaleno 4 - Valverde - ✆ 922 55 03 26 - lun.-vend. 8h-15h.

POSTE

Toutes les villes comptent un bureau de poste *(oficina de correos)* central et plusieurs annexes, généralement ouverts du lun. au vend. de 8h30 à 20h30, le sam. de 9h30 à 13h. Les **timbres** *(sellos - 0,76 €)* se vendent dans les bureaux de poste et les boutiques de souvenirs et cartes postales. Comptez de 2 à 5 jours pour que votre missive parvienne à son destinataire sur le continent.

POURBOIRE

Il est d'usage de laisser quelques pièces au café, au restaurant (env. 10 % de la note quand le service n'est pas compris) ou au taxi.

PRESSE

Les deux principaux quotidiens de l'archipel, *La Provincia (www.laprovincia.es)* et *Canarias 7 (www.canarias7.es)*, dressent un panorama intéressant des sujets qui préoccupent les Canariens. Pour la presse internationale, ce sont surtout les titres anglais et allemands qui s'affichent à la devanture des kiosques.

RESTAURATION

Îles obligent, le poisson occupe une place de choix à la carte des restaurants. Mais que les carnivores se rassurent : cabri et lapin entrent dans de nombreuses recettes traditionnelles. Fruits et légumes de l'archipel ne sont pas en reste, avec une mention spéciale pour les fruits

Toutes les **infos utiles** sur la destination en quelques clics! Sites touristiques, restaurants, hôtels, trafic, stations essence, parkings, météo : découvrez notre **carte Michelin interactive** en scannant le QR Code ci-dessus.

tropicaux de La Gomera et de La Palma. Pas de doute, les Canaries cultivent le savoir-manger avec raffinement (*voir « Gastronomie », p. 136)* !

Sur le pouce

Plages et belvédères incitent à des arrêts pique-nique contemplatifs. Pour vous confectionner un sandwich, vous trouverez d'excellents fromages de pays, cochonailles et gourmandises locales dans les épiceries, les boulangeries *(panaderías)* ainsi que sur les marchés locaux.

Au restaurant

L'archipel compte quelques très bonnes tables (*voir notre sélection dans la rubrique « Se restaurer », p. 72.*

F. Waldhäusl/imagebroker/age fotostock

Dans le Parque Nacional del Teide, Tenerife.

Attention : la plupart ferment entre 16h et 19h, et au moins un jour par semaine.

Voir aussi les rubriques « Pourboire », p. 109, et « Tascas », ci-dessous.

SÉCURITÉ

Pas de problème particulier. Le bon sens vous dictera la conduite à tenir : ne rien laisser dans la voiture lorsque vous la laissez au parking ou sur le bord de la route le temps d'une randonnée, ni sur la plage lorsque vous allez vous baigner. La plupart des hébergements disposant d'un coffre-fort, vous y laisserez vos objets de valeur.

TABAC

Il est interdit de fumer dans tous les lieux publics fermés et même dans certains lieux ouverts. Malgré cette interdiction relativement récente (début 2011), les Canariens restent des fumeurs invétérés : les cigarettes, exemptes de taxes et en vente partout (stations-service, supermarchés, épiceries), sont en effet les moins chères d'Europe.

TASCAS

Ces bars servent assiettes de tapas, *pinchos* (brochettes), *raciones* (plats cuisinés variés), *bocadillos* (sandwiches) pour accompagner bières ou vins locaux. Idéal pour un en-cas.

TAXIS

Les taxis libres allument une lumière verte sur le toit. La prise en charge tourne entre 2,35 € et 2,90 €; comptez ensuite env. 0,60 €/km. Quelques contacts de radio-taxis à titre indicatif :

Tenerife - Santa Cruz ✆ 922 31 10 12.
Gran Canaria - Las Palmas ✆ 928 46 56 66.
Lanzarote - ✆ 928 52 01 76.
Fuerteventura - ✆ 928 85 02 16.
La Palma - ✆ 922 41 60 70
La Gomera - ✆ 922 87 05 24.
El Hierro - ✆ 922 55 07 29.

Liaisons aéroport : voir « Arriver aux Canaries », p. 3.

TÉLÉPHONE

De l'étranger

Pour joindre un correspondant aux Canaries, composez le 00 34 suivi de 9 chiffres (son n° sans le 0 initial).

Depuis les Canaries

Vers la France - ✆ 00 33 + n° du correspondant sans le 0 initial; vers la Suisse - ✆ 00 41 ; vers la Belgique - ✆ 00 32 ; vers le Luxembourg - ✆ 00 352; vers le Canada - ✆ 00 1.

Locutorios

Évitez autant que possible d'appeler depuis votre hôtel. Vous trouverez partout des *locutorios* avec des cabines pour les appels locaux ou longue distance à des tarifs plus avantageux.

Portables

Avec un téléphone débloqué, vous pourrez, sur présentation d'une pièce d'identité, acheter dans les magasins de téléphonie mobile une puce vous donnant un n° de téléphone espagnol.

TRANSPORTS EN COMMUN

Chaque île dispose d'un réseau de bus (les **guaguas**) modernes et confortables qui dessert avec plus ou moins de régularité les principales plages et agglomérations. Vous les prendrez à la gare routière *(estación de guaguas)* ou aux arrêts *(paradas)*. Les **tickets** s'achètent à bord à l'unité; vous bénéficierez de tarifs préférentiels en prenant à la gare routière des cartes valables pour 10 trajets, d'autant plus pratiques que vous pouvez les utiliser à plusieurs. Horaires disponibles sur le site Internet de chaque compagnie. Île par île :

Tenerife - ✆ 922 53 13 00 - www.titsa.com. Les grandes villes du nord, l'axe Santa Cruz/Costa Ajede et les aéroports sont desservis fréquemment.

Gran Canaria - ✆ 928 25 26 30 - www.globalsu.net. Un réseau très dense connecte toute l'île à fréquence soutenue.

Lanzarote - ✆ 928 81 15 22 - www.lanzarote.com/es/guaguas. Liaisons pour l'aéroport, Costa Teguise, Playa Blanca depuis Arrecife.

Fuerteventura - ✆ 928 85 57 26 - www.maxoratabus.com/tiadhe/. Liaisons régulières pour Corralejo et Morro Jable depuis Puerto del Rosario.

La Palma - ✆ 922 41 19 24 - www.transporteslapalma.com. Liaisons fréquentes avec l'aéroport, Breñas, Fuencaliente, Puerto de Tazacorte depuis Santa Cruz de La Palma.
La Gomera - ✆ 922 14 11 01 - www.guaguagomera.com. Dessert l'aéroport, Valle Gran Rey, Villahermoso depuis San Sebastián.
El Hierro - ✆ 922 55 07 29 - www.transhierro.com. Depuis Valverde, plusieurs liaisons par jour pour l'aéroport, l'embarcadère des ferries et les principaux villages.
Pour rejoindre les aéroports, voir « Arriver aux Canaries », p. 3.

TOILETTES

Les toilettes publiques sont rares, pour ne pas dire inexistantes. Restaurants, cafés et musées se trouveront opportunément sur votre chemin pour pallier cette absence.

VISITES

Tarifs

Les entrées des sites et des musées publics tournent autour de 5 €, 8 à 13 € pour les sites privés. Les moins de 12 ans et les plus de 65 ans bénéficient souvent de 50 % de réduction.

Île par île

Tenerife - Sites et musées gérés par le Cabildo sont gratuits les vend. et sam. de 16h à 20h (13h-17h si le jour en question est férié). À La Laguna, l'office de tourisme organise des visites guidées gratuites du centre historique *(voir p. 20)*.
Gran Canaria - À Las Palmas, un bus touristique avec audioguide (en anglais) effectue un circuit des principaux sites à voir. Le ticket, valable 24h ou 48h, permet de descendre et de reprendre le bus à l'envi. *9h30-18h - départ ttes les 30mn du Parque Santa Catalina - ✆ 928 38 13 30 - tarif 18/22 €.*
Lanzarote - Pass touristique 3, 4 ou 6 visites (Cueva de los Verdes, Jardín de Cactus, Mirador del Río, Jameos del Agua, Timanfaya, MIAC) pour 20, 26 ou 30 €. Ces pass *(bonos)*, valables 7 jours, s'achètent à l'entrée du premier site visité. Rens. www.centrosturisticos.com.

Agenda culturel

Liesse populaire profane ou ferveur religieuse, les Canaries sont en fête quasiment toute l'année, au gré d'un concert par ci ou d'une *romería* par là. Les dates exactes varient d'une année sur l'autre : les offices de tourisme sauront vous renseigner. De bonnes infos également sur le site www.turismodecanarias.com selon vos dates de séjour et vos envies du moment : expos ou arts de la scène, rendez-vous sportif ou fête folklorique. Quelques grands rendez-vous annuels à ne pas manquer :

FÊTES RELIGIEUSES

Janvier

▶**Reyes Magos – 6 janv.** Fête des Rois mages. Dans chaque ville et village, Melchior, Gaspard et Balthazar arrivent par bateau ou à dos de dromadaire avant de défiler dans les rues sous des acclamations enthousiastes.

Février-mars

▶**Carnaval – Dates variables** d'une localité à l'autre : rens. dans les offices de tourisme. C'est la fête la plus colorée de l'année. Les réjouissances les plus spectaculaires se déroulent à **Tenerife** (Santa Cruz, Puerto de la Cruz, Los Cristianos) et à **Gran Canaria** (Las Palmas, Maspalomas). Mais toutes les îles le célèbrent avec faste durant 2 semaines : **Lanzarote** à Arrecife et Puerto del Carmen, **Fuerteventura** à Puerto del Rosario et à Pajará, **La Palma** à Santa Cruz, **La Gomera** à San Sebastián, **El Hierro** à Valverde. Défilés déguisés plus délirants les uns que les autres, ambiance garantie en attendant l'élection de la Reine du Carnaval.
voir « Du folklore à la fête », p. 134.

Mars-avril

▶**Semana Santa – 29 mars-6 avr. 2015, 20-28 mars 2016**. Très célébrée, comme dans toute l'Espagne, la semaine de Pâques fait vibrer de ferveur villes et villages au fil de nombreuses processions religieuses.

Mai-juin

▶**Día de la Santa Cruz – 3 mai**. Musiciens et danseurs en costumes traditionnels portent en procession des croix ornées de fleurs.

▶**Corpus Christi – 4 juin 2015, 26 mai 2016**. Tapis de fleurs et tableaux à base de terres volcaniques colorées parent les rues et les places. Notamment à La Orotava (Tenerife).

Août

▶**Asunción de María – 15 août**. Les sanctuaires dédiés à la Vierge font l'objet de pèlerinages.

FESTIVALS ET FERIAS

Janvier

Tenerife et Gran Canaria

▶**Festival de Música de Canaria** – www.gobiernodecanarias.org. Concerts symphoniques, orchestres philharmoniques et récitals. Durant 3 semaines, les grands noms de la musique classique à travers le monde se produisent dans diverses salles et auditoriums de Santa Cruz de Tenerife (Auditorio, Teatro Guimerá, Teatro Leal) et Las Palmas de Gran Canaria (Auditorio Alfredo Kraus, Centro de Convenciones).

Gran Canaria

▶**Feria de Artesanía de Canarias** – www.fedac.org. Durant 4 jours, Las Palmas de Gran Canaria met l'accent sur les savoir-faire canariens. Quelque 200 artisans venus de tout l'archipel exposent et vendent leurs réalisations sur le Parque de San Telmo : textiles, métal, bois, céramique, poterie, etc.

Avril

Tenerife

▶**Festival international de parapente** – Durant 3 jours, fin avril ou début mai, le ciel de Los Realejos se couvre de voiles multicolores.

Mai

Fuerteventura

▶**Feria Insular de Artesanía** – Les meilleurs artisans de l'archipel font la démonstration de leur technique à Antigua.

La Gomera

▶**Encuentro Insular de Folklore** – Les « siffleurs » font revivre la tradition du *silbo gomero*.

Juillet

Tenerife, Gran Canaria, Fuerteventura

▶**Festival Internacional Canarias Jazz & Más Heineken** – www.canariasjazz.com. Les trois îles swinguent au son du jazz durant 3 semaines.

Lanzarote, Fuerteventura

▶**Sports nautiques** – Sur les plages des deux îles se succèdent les championnats nationaux ou internationaux de windsurf, kiteboard et autres sports de glisse.

Fuerteventura

▶**Fuerteventura en Música** – www.cabildofuer.es. Musiciens locaux et internationaux se retrouvent autour d'une grande scène pop et rock à El Cotillo.

Août-septembre

Lanzarote

▶**Conciertos de Verano** – La Cueva de los Verdes et les Jameos del Agua, deux espaces aménagés par César Manrique, accueillent des concerts de musique classique, de jazz et de salsa dans un décor exceptionnel. Rens. www.centrosturisticos.com

Novembre

Tenerife

▶**Festival del Vino** – Sur la route du vin, d'Icod de los Vinos à Puerto de la Cruz et à La Orotava, dégustation des grands crus de l'île.

Pour en savoir plus

Les grandes dates **118**
Un peu de géographie **120**
Un archipel volcanique **126**
Flore des Canaries **128**
Au temps des Guanches **129**
Art et architecture **130**
Artisanats **133**
Du folklore à la fête **134**
Gastronomie **136**

L'Auditorium de Santa Cruz de Tenerife, dessiné par l'architecte Santiago Calatrava.
Jon Arnold/hemis.fr/Adagp, Paris 2015

Les grandes dates

vers 500 av. J.-C. – Des tribus aborigènes, les **Guanches**, vraisemblablement d'origine berbère, occupent l'archipel. Les navires phéniciens et africains y font escale.
40 apr. J.-C. – **Pline l'Ancien** relate le voyage aux « îles Fortunées » du roi Juba II de Maurétanie.
100 – La colonisation romaine de l'Afrique du Nord provoque une nouvelle vague d'émigration berbère vers les îles.
500-1312 – Après la chute de l'Empire romain, les Canaries tombent dans l'oubli pour près de mille ans.
1312 – Les Européens « redécouvrent » les Canaries. Le **Gênois Lancelotto Malocello** aborde à Lanzarote : il vient y chercher le « bleu de Gênes », teinture naturelle utilisée pour les textiles.
1350-1391 – Installation des **Franciscains** à Telde (Gran Canaria).
1402-1405 – Conquête de Lanzarote, Fuerteventura et El Hierro par les Normands **Jean de Béthencourt** et **Gadifer de La Salle**. L'orseille, tirée d'un lichen aux propriétés tinctoriales, motive ces expéditions.
1450 – Des **nobles castillans** s'emparent de La Gomera; cette conquête se fait à titre privé.
1478-1496 – La **Couronne espagnole** prend le relais des initiatives individuelles dans le processus de conquête : elle s'approprie Gran Canaria en 1483, La Palma en 1493, et enfin Tenerife en 1496. L'ensemble de l'archipel est désormais espagnol.
1498 – Interdiction du commerce des esclaves aux Canaries.

1553 – Pillage de San Sebastián de La Gomera par les pirates français.
1593 – Le pirate Xabán Arráez détruit Betancuria (Fuerteventura).
16e-17e s. – Le processus de **colonisation** se poursuit : métissage, croissance démographique, christianisation et une **agriculture** soumise aux besoins de la péninsule : canne à sucre et vin. Introduction de nouvelles espèces américaines (tomates, pommes de terre).
17e s. – Le commerce avec les Amériques s'accompagne d'un « **tribut du sang** » : pour 100 tonnes de marchandises exportées, 5 familles doivent partir peupler le Venezuela, Cuba, l'Uruguay ou le Texas. Le principe sera maintenu jusqu'au 20e s.
1730-1736 – Pendant 6 ans, les Montagnes de Feu crachent sur **Lanzarote** un déluge de lave qui va ensevelir un tiers de l'île.
1740 – Mise à sac de Tuineje (Fuerteventura) par les corsaires anglais. Depuis 1520, les attaques par mer sont une menace continuelle.
1797 – L'amiral Nelson perd son bras droit dans l'attaque de Santa Cruz de Tenerife; la ville est épargnée.
1852 – La crise des exportations agricoles, concurrencées par le Nouveau Monde, engendre une **émigration** massive; pour y mettre fin, la liberté de commerce est accordée aux Canaries. La cochenille et la **banane** y sont introduites par les Anglais. Les échanges maritimes avec l'Afrique coloniale et l'Angleterre relancent l'économie.

1914-1918 – La rareté des liaisons maritimes affecte le négoce bananier. Forte émigration vers **Cuba**.
1927 – Suite à des dissensions politiques internes, instauration de deux **provinces** : Las Palmas (autour de Gran Canaria) et Santa Cruz (autour de Tenerife).
1936 – Le 17 juillet, le général Franco, « Commandante » des Canaries, quitte Las Palmas et prend la tête du coup d'État qui met fin à la IIe République. Il prend ensuite possession de tout l'archipel.
1960-1970 – Débuts du **tourisme de masse** anglais, allemand, scandinave.
1971 – Éruption du volcan Teneguia, dans le sud de La Palma.
1972 – La Ley de Régimen Económico y Fiscal de Canarias confirme l'exception fiscale historique de l'archipel. Montée de mouvements politiques autonomistes.
1975 – Jusqu'à la mort de Franco, les Canaries renouent avec l'**isolement** (guerre civile, puis blocus des Alliés). La misère et le rationnement entraînent une forte émigration, à destination notamment du Venezuela.
1976 – Conflit du Sahara occidental : les Espagnols expulsés affluent aux Canaries. Naissance du parti nationaliste canarien (UPC).
1978 – Création de la **Junta de Canarias** qui ouvre la voie vers l'autonomie.
1982 – Le statut de **communauté autonome** est accordé aux Canaries.
1983 – Le **parti socialiste** (PSOE) remporte les 1res élections autonomes des Canaries.
1995 – La **Coalición Canaria** prend le pouvoir pour ne plus le quitter. Rassemblant un éventail politique hétérogène, elle se définit avant tout comme nationaliste, même s'il lui arrive de faire alliance avec le PSOE et le PP (parti populaire), les deux grandes autres forces politiques.
2002 - Les Canaries entrent dans la zone euro.
2010-2011 - La **crise économique** mondiale se traduit par une baisse sensible du tourisme.
2013 - Reprise de la fréquentation touristique.
2014 - Mise en service de la centrale hydro-éolienne de Gorona (El Hierro).

L'exception canarienne

La fiscalité allégée dont bénéficie l'archipel après la Conquête reste un cas unique dans le régime de taxes que fait peser la Couronne sur ses colonies. Autre marque de faveur, les îles peuvent commercer assez librement avec les Amériques, devenant un nœud maritime essentiel. Au 17e s., la concurrence de la canne à sucre cubaine et des vins portugais porte un rude coup aux principales exportations des Canaries vers le Nouveau Monde. Les îles se tournent alors vers l'Angleterre qui apprécie leur Malvoisie et accroissent leur surface vinicole. Le Decreto de Puertos Francos les sauvera une nouvelle fois, quand les vins du Portugal (sherry, porto, madère) auront séduit l'Angleterre, en libéralisant totalement le commerce avec l'extérieur. Un nouveau cycle agricole commencera au 19e s. avec la cochenille, la banane et la tomate.

Un peu de géographie

L'archipel des Canaries émerge dans l'océan Atlantique, au nord du tropique du Cancer, à une latitude moyenne de 28° (comme Orlando en Floride). Un peu plus de 2 millions de Canariens vivent sur les 7 447 km^2 que couvrent les sept îles principales, soit une densité de population plus de deux fois supérieure à celle de la péninsule. À ces îles s'ajoutent, au nord de Lanzarote, six îlots (seul celui de La Graciosa est habité) formant l'archipel de Chinijo.

L'éternel printemps

Plus proche de l'Afrique (env. 100 km) que de l'Europe (env. 1200 km de la péninsule Ibérique), les Canaries jouissent d'un **climat subtropical sec**. La chaleur est tempérée par les vents **alizés** soufflant du nord-est à longueur d'année et par les courants froids longeant les côtes, qui rendent les eaux très poissonneuses. Les températures, remarquablement stables, oscillent toute l'année autour de 22 °C (au niveau des côtes). Si les îles les plus septentrionales, Lanzarote et Fuerteventura, souffrent d'un climat trop sec, celles du Centre et du Sud connaissent des différences climatiques marquées, à l'origine de leur belle diversité végétale (*voir « Flore des Canaries », p. 128*). Les pluies, rares et peu abondantes, ne suffisent plus à approvisionner l'archipel en **eau**. La Palma et La Gomera disposent de sources, mais les autres îles ont longtemps dû pomper dans la nappe phréatique à l'aide d'éoliennes (la roche volcanique, poreuse, a en effet permis l'accumulation de dépôts souterrains). Aujourd'hui, les usines de désalinisation répondent à des besoins sans cesse accrus par l'augmentation démographique et le tourisme.

Le capital nature

Sous ce climat, le commerce de la banane, dont les plantations tapissent les côtes de Gran Canaria à La Gomera, de La Palma à Tenerife, prospère, tout comme (moins esthétique...) s'étendent les cultures sous serres (tomates, fleurs coupées). L'**économie** locale se heurte néanmoins à plusieurs handicaps. La morphologie des terres volcaniques, entre aridité des sols et verticalité du relief, ne permet guère d'exploiter plus de 10 % de la superficie insulaire. L'implantation d'industries n'est pas non plus une mince affaire vu le coût d'acheminenement des matières premières puis des produits finis ; hormis la raffinerie pétrochimique de Tenerife et les chantiers navals de Las Palmas, le secteur industriel reste marginal. Dans ce contexte, le tourisme apparaît comme une bonne alternative. Doté d'un éternel printemps et de plages propices à la baignade toute l'année, l'archipel a conquis depuis la fin du 19e s. un public anglo-saxon de plus en plus large ; surfant désormais sur la vague d'un tourisme vert, les Canaries misent sur des espaces naturels sans équivalent.

Plantation de bananiers.

Au carrefour des mers

Sa situation géographique entre trois continents, Europe, Afrique et Amériques, a toujours fait de l'archipel une **terre de migration** : on le quittait par temps de disette dans l'espoir d'une vie meilleure outre-Atlantique, on y revenait, fortune faite, en ramenant avec soi de nouveaux savoir-faire et des essences tropicales (*voir « Gastronomie », p. 136*). Terre d'immigration, il le reste aujourd'hui, pour des Européens du Nord désirant couler sous des cieux plus cléments leurs années de retraite, mais aussi pour tous ces naufragés économiques ou politiques de l'Afrique sub-saharienne, qui rêvent d'un Eldorado européen dont les Canaries représentent la porte méridionale. Quant au drame des *pateras*, ces embarcations de fortune venant tant bien que mal s'échouer sur les côtes les plus proches de l'Afrique, celles de Fuerteventura ou de Lanzarote, il défraie régulièrement la chronique.

Sept îles, sœurs jumelles ?

Une longue histoire géologique marquée par le volcanisme a façonné les sept îles, les dotant d'un **centre montagneux**, pic volcanique (Teide à Tenerife, Las Nieves à Gran Canaria) ou caldera (Taburiente à La Palma), tantôt d'une absolue aridité (Montañas de Fuego à Lanzarote), tantôt d'une exubérante profusion végétale (Garajonay à La Gomera). Drainant vers la mer les eaux de ruissellement, de profonds ravins *(barrancos)* modelés par des millénaires d'érosion sillonnent leurs flancs. Les *bancales*, ces terrasses aménagées sur les pentes au fil des générations paysannes, permettent de tirer le meilleur parti d'un environnement avare en surfaces planes ; les murets de pierre sèche striant la montagne aident par ailleurs à lutter contre l'érosion, évitant que la terre arable ne soit emportée au fond des ravins. Autre trait commun, toutes les îles ont établi leur chef-lieu sur la côte, au nord-est là où les vents dominants poussèrent les embarcations à voiles des premiers découvreurs. Leur partie sud, dotée des **plages** les plus belles et les mieux ensoleillées, accueille les grandes stations balnéaires.

ÎLES NOIRES, ÎLES VERTES

Constituant l'une des 17 communautés autonomes espagnoles, l'archipel se compose de **deux provinces** : à l'est, celle de **Las Palmas** comprend les îles de Gran Canaria, Fuerteventura et Lanzarote ; à l'ouest, celle de **Santa Cruz** rassemble Tenerife, La Palma, La Gomera et El Hierro.

Les deux îles capitales

Gran Canaria et **Tenerife**, que Madrid a dû séparer en raison de leurs incessantes querelles pour le contrôle politique et économique de l'archipel, se partagent depuis 1927 le gouvernement des Canaries. Les deux « îles capitales » ont développé au fil des dernières décennies une intense activité touristique dans des stations balnéaires poussant comme des champignons – un choix quantitatif qui se traduit par une « bétonisation » des côtes et des campagnes dont s'alarment les défenseurs de l'environnement. Trafic maritime international pour la première, industrie pétrochimique pour la seconde, assurent l'autre grand volet de leur économie. La diversité de leurs climats et de leurs paysages – végétation exubérante et contrées désertiques, falaises abruptes et longues plages de sable fin, volcans endormis, villages pittoresques et villes trépidantes – leur a valu à toutes deux le qualificatif de « continents en miniature ».

Les îles du Nord-Est

Lanzarote, la plus septentrionale des Canaries, se trouve à 140 km des côtes sud-marocaines. Absence d'eau douce (il fallait la faire venir des îles voisines), sols infertiles, la vie y est longtemps restée difficile, jusqu'à l'implantation sur l'île d'une usine de désalinisation – la première d'Europe – en 1965. Cette île plate – elle culmine à 670 m d'alt. – est marquée par un volcanisme très récent (*voir « Un archipel volcanique », p. 126*). De haute lutte, les Lanzaroteños ont reconquis leur terre, fertilisant leurs sols avec la cendre, pour redonner vie à quelques cultures : la vigne dont ils tirent un fameux blanc de Malvoisie, et le nopal (*tunera* ou *chumbera*), pour l'élevage de la cochenille dont on extrait un colorant rouge qui, avec l'engouement pour les teintures naturelles, revient au goût du jour. L'artiste César Manrique (*voir encadré, p. 47*) a propulsé Lanzarote sur le devant de la scène en consacrant ses dernières années à sa promotion touristique, lui offrant une célébrité à double tranchant : l'île peine à intégrer une population touristique sans cesse croissante, une manne dont elle ne peut pourtant pas se passer, et elle le sait.

Juste au sud, séparée d'elle par un étroit corridor marin, **Fuerteventura** est encore plus aride ; de vastes étendues de *malpais* courent entre ses monts pelés, souvent d'anciens volcans éteints. Fort peu densément peuplée, cette île tout en longueur – un « squelette d'île », disait l'écrivain Unamuno, en exil politique à Puerto del Rosario en 1924 – qui fut pourtant jadis le grenier de l'archipel, souffre aujourd'hui d'un cruel manque d'eau. Surpâturage ou déboisement lié à un usage excessif des fours à chaux, dont les ruines parsèment la campagne ?

Les Canaries en quelques chiffres et sept sommets

Tenerife	*2 057 km² - 906 854 hab.*	*Pico del Teide, 3 718 m*
Gran Canaria	*1 532 km² - 845 676 hab.*	*Pico de las Nieves, 1 949 m*
Lanzarote	*795 km² - 141 437 hab.*	*Peñas del Chache, 670 m*
Fuerteventura	*1 731 km² - 103 492 hab.*	*Pico de la Zarza, 812 m*
La Palma	*728 km² - 87 324 hab.*	*Roque de los Muchachos, 2 426 m*
La Gomera	*378 km² - 22 776 hab.*	*Garajonay, 1 487 m*
El Hierro	*277 km² - 10 960 hab.*	*Pico de Malpaso, 1 500 m*

Toute verdure a quasiment disparu de ses terres, désormais semi-désertiques. Son classement en 2009 comme réserve de Biosphère l'aidera-t-elle à trouver un second souffle? À l'heure actuelle, elle compte surtout sur le tourisme qu'attirent ses 77 km de plages de sable doré, parmi les plus belles de l'archipel, pour retrouver un peu de confort économique.

Les îles du Sud-Ouest

À l'autre extrémité de l'archipel, les trois satellites de Tenerife montrent un visage tout différent.
La plus grande, **La Palma**, regarde vers les Amériques : du fait de sa situation géographique, c'est celle qui a gardé le plus de liens avec le Nouveau Monde. De fortes vagues d'émigration ponctuent son histoire et l'on retrouve des accents vénézuéliens dans sa cuisine, cubains dans son architecture et ses traditions agricoles (tabac). La Caldera de Taburiente occupe le centre de l'île, prolongée au sud par la Cumbre Vieja, une chaîne de pics volcaniques divisant La Palma en deux zones climatiques distinctes. Les versants, striés de ravins, descendent en pente raide vers la mer où ils dessinent un littoral déchiqueté. Les mers de bananiers couvrant les côtes et les vignobles investissant les versants les plus escarpés rappellent que, malgré l'expansion du tourisme, l'agriculture demeure la principale source de richesse de La Palma, la plus verte des Canaries.
La Gomera, ponctuée de *roques* et sillonnée de vertigineux *barrancos*, s'est toujours heurtée à des difficultés de communications, à tel point que les aborigènes gomeros avaient créé, pour se transmettre des messages d'une vallée à l'autre, un langage sifflé inventé que leurs descendants continuent à utiliser, le *silbo*. Dans son chef-lieu, Christophe Colomb vint faire le plein d'eau à chacune de ses expéditions.
Inquiète de voir se perdre dans la mer la si précieuse ressource des rivières et soucieuse de la gérer au mieux, l'île a aménagé une trentaine de retenues et réservoirs grâce auxquels elle irrigue des vallées particulièrement fertiles (Vallehermoso, La Hermigua).
Vergers en terrasses, bananes, fruits tropicaux lui assurent l'essentiel de sa subsistance.
À la fois la plus méridionale et la plus occidentale des Canaries (c'est à ce titre qu'elle marquait jadis la fin du monde connu), **El Hierro** a défini le Méridien d'origine jusqu'à la fin du 19e s. C'est la seule île dont le chef-lieu ne soit pas établi en bord de mer, la seule aussi à être dépourvue de ravins. Les hautes falaises bordant ses côtes laissent peu de place à la baignade. Intensément volcanique, l'« île de Fer » rejoint par certains aspects ses sœurs du Nord-Est, partageant avec elles des paysages d'une minéralité lunaire. L'île, dotée d'une forte sensibilité écologique, a développé les sources d'énergie alternatives et vise à l'autosuffisance énergétique dans les années à venir grâce à la toute nouvelle centrale hydro-éolienne de Gorona, inaugurée en juin 2014.

La Hermigua, La Gomera.
P. Alix/Iconotec RM/age fotostock

Un archipel volcanique

Il y a des millions d'années se joue au fond de l'Atlantique un titanesque combat : le choc des plaques tectoniques africaine et européenne, allié à une intense **activité magmatique** sous-marine, donne naissance à l'ensemble de la **Macaronésie** – archipels des Açores, du Cap Vert, des Canaries et de Madère.

Des mille-feuilles de roche

Propulsées dans les fractures du manteau terrestre, d'énormes quantités de magma remontent pour se solidifier au-dessus des eaux. L'activité volcanique se poursuit durant quelque 50 millions d'années, un laps de temps considérable qui explique la morphologie particulière des Canaries : les îles, structurées autour d'un ou plusieurs massifs rocheux centraux, sont de véritables mille-feuilles géologiques, superposition des matériaux expulsés qui les fait gagner en taille et en altitude à chaque cycle d'éruptions. Hormis Fuerteventura et Lanzarote, aplanies par un long processus d'érosion (ce sont en effet les premières îles à avoir surgi des eaux), toutes les autres montrent un **relief** très accusé et un littoral abrupt laissant peu de place aux plages. Le Teide, point culminant de l'archipel, se dresse à 3718 m d'alt., tandis qu'autour des îles l'océan atteint des profondeurs de 3000 m. Malgré sa petitesse, La Palma culmine à 2426 m, ce qui fait d'elle l'île la plus haute du monde au regard de sa superficie. El Hierro, l'île la plus « jeune » en termes de formation géologique (Quaternaire) est aussi celle qui porte la plus grande densité de volcans.

Déluge de feu sur Lanzarote

Nouvel épisode volcanique majeur au 18e s. : en 1730, Lanzarote est ébranlée par une formidable secousse. Un massif montagneux naît près du village de Timanfaya. Durant six ans, les **« Montagnes de Feu »** *(Parque Nacional de Timanfaya)* ne cessent de vomir des flammes, submergeant d'une mer de lave le tiers du territoire de l'île. Tout recommence en 1824,

J. C. Muñoz/ age fotostock

Parque Nacional de Timanfaya.

et une fois encore la lave ravage l'île, engloutissant villages et cultures... Les paysans de Lanzarote ont su tirer parti des épaisses couches noirâtres de **cendres** pour fertiliser les sols et des tapis de **lapilli** (pouzzolane ou *picón*) pour protéger leurs plantations : ces scories basaltiques poreuses de quelques millimètres ont en effet la faculté de retenir l'eau grâce à leur structure alvéolaire, réduisant la vitesse de l'évaporation et palliant ainsi un tant soit peu le manque d'eau douce sur l'île.

Laboratoires à ciel ouvert

Si les paysages de Lanzarote, avec leurs fissures, leurs cheminées, leurs grottes de laves, portent plus que les autres les stigmates de ces gigantesques éruptions, exceptionnellement récentes à l'échelle des temps géologiques, toutes les îles canariennes exposent à ciel ouvert un véritable **musée du volcanisme** : coulées de lave (éruption de type hawaiien), champs de scories (volcanisme de type strombolien), champs ou cônes de cendre (type vulcanien).
L'effondrement des cônes volcaniques, leur explosion ou leur érosion selon les cas a donné naissance aux **calderas** que l'on retrouve à La Palma (Taburiente), Tenerife (Cañadas du Teide) ou Gran Canaria (Bandama, Tejeda).
Là où les coulées ont été les plus larges, les étendues désolées du **malpaís** (champs de laves consolidées) noircissent les campagnes, comme à La Palma, Tenerife (région de Güímar), Fuerteventura et surtout Lanzarote.
Les *roques*, ou **necks**, sont des « bouchons » de lave refroidie à l'intérieur d'une cheminée volcanique et mis au jour lorsque l'érosion a eu raison de la roche plus tendre des conduits ; ils découpent sur l'horizon autant d'aiguilles de basalte (Los Muchachos à La Palma, Agando à La Gomera, Cañadas à Tenerife).
Autre phénomène spectaculaire, la **falaise basaltique** de Los Órganos (La Gomera) témoigne d'un refroidissement brutal des laves au contact de l'océan.
Tenerife (Cueva del Viento), El Hierro (Cueva de Don Justo) et Lanzarote (Cueva de los Verdes) sont parcourus de **tubes volcaniques**, des conduits ayant refroidi et durci en laissant s'écouler une lave fluide, formant un enchevêtrement de galeries et de tunnels sur plusieurs kilomètres.

Volcans jeunes et vieux

La Gomera, la seule île de l'archipel à n'avoir pas connu d'éruptions volcaniques dans les deux derniers millions d'années, montre une physionomie bien plus marquée par l'**érosion**, sur laquelle la végétation a depuis longtemps repris ses droits. Vue du ciel, sa forme ronde, comme celle de Gran Canaria, est pourtant typiquement celle des cônes volcaniques.
D'abord formée par et autour d'un très ancien cratère effondré de plus de 10 km de diamètre, la Caldera de Taburiente, La Palma porte des **volcans toujours actifs** : la dernière éruption du Teneguia, dans le sud de l'île, date de 1971.

Flore des Canaries

D'une infinie diversité, la flore de l'archipel ne se limite pas à quelques espèces endémiques ou emblématiques comme le pin ou le palmier des Canaries, les photogéniques cactus *(cardón)* ou l'étonnant dragonnier (*encadré p. 30*). Pics et chaînes montagneuses délimitent des microclimats contrastés : plus verdoyante, la partie nord-est des îles, la première à recevoir l'influence des alizés, monopolise les pluies au détriment des régions méridionales, plus sèches. L'évolution rapide du relief sur des îles à fort dénivelé fait le reste, étageant les espèces en des strates assez nettes, même si leur altitude varie d'une île à l'autre et d'un versant à l'autre selon l'orientation, l'exposition au vent, etc.

Une végétation étagée

Sur la frange littorale et dans les terres basses, à moins de 200 m d'alt., se développent euphorbes, cactées et succulentes (dont l'aloe vera, appréciée en cosmétique, et le nopal, proche du figuier de Barbarie), buissons d'épineux et toutes sortes de graminées : cette végétation dite **xérophile** ne craint ni les vents forts ni le manque d'eau prolongé des contrées semi-désertiques. En prenant de l'altitude (env. 200-800 m), on gagne une **forêt thermophile**, plus tempérée et moins sèche, qu'affectionnent genévriers, palmiers et dragonniers. C'est une zone de transition aux accents méditerranéens où poussent aussi les oliviers et les lentisques.

Lui succède une forêt plus haute, plus dense et surtout plus humide, la **laurisylve**, dont le Parc national de Garajonay (La Gomera) fournit un magistral exemple. De type subtropical, la laurisylve voit cohabiter des arbres à feuilles persistantes, houx, lauriers, et des essences précieuses (acajou, ébène dont la surexploitation a longtemps menacé cet écosystème rare). La mer de nuages qui stagne vers 1200 m d'alt. y entretient une humidité constante en même temps qu'elle limite l'évaporation. La Gomera, La Palma, le nord de Tenerife *(Monte de Las Mercedes)* abritent les plus beaux spécimens de ces *monteverde* aux branches desquels s'accrochent toute l'année des bancs de brume qu'elles appellent joliment « pluie horizontale ». C'est au flanc nord des montagnes, le plus humide et le plus frais, que l'on trouve les sylves les plus fascinantes, inchangées depuis des millions d'années.

Se composant de fougères et de bruyères arborescentes, la **fayal-brezal**, une frange arbustive à croissance rapide supportant un climat plus frais, plus venté et plus sec à la fois, marque la transition entre cette forêt humide et les **pinèdes** (env. 1200-2000 m) où les fameux pins des Canaries peuvent atteindre 20 m de hauteur. Sur les sommets, à plus de 2000 m d'alt., on ne trouve plus qu'une végétation rase, adaptée aux rudesses du climat montagnard.

Au temps des Guanches

Abordant aux Canaries au 15e s., les conquérants européens découvrent une population indigène qui vit en plein **âge de pierre**. Javelots et massues pèsent peu contre les fusils espagnols : ceux qui résistent sont massacrés sans pitié, les autres vendus sur le marché aux esclaves. Les maladies font le reste et, en moins d'un siècle, les Guanches disparaissent. Il faut attendre le 19e s. pour que l'on s'intéresse à nouveau à ces peuples – que certains n'hésitent pas à comparer aux mayas ou aux aztèques *(voir « Güímar », p. 31)*. Généralisant à tous les aborigènes des Canaries le nom de ceux de Tenerife, on a abusivement baptisé « guanches » des groupes ethniques différents : les Benahorita de La Palma, les Canarii de Gran Canaria, les Gomero, les Bimbache du Hierro, les Majo de Lanzarote et Fuerteventura. De leur origine, on sait peu de chose. L'étude d'ossements trouvés dans les nécropoles révèle une appartenance à la race de Cro-Magnon (peut-être une population encore antérieure ?), certains traits étant, eux, typiques des Berbères d'Afrique du Nord. L'étude des toponymes (notamment à La Palma), des patronymes anciens, du système de numération laisse penser que des **nomades berbères** seraient venus des côtes du Maghreb dans les premiers siècles avant notre ère, d'abord en quête de pâtures (vers 500 av. J.-C.), puis fuyant l'avancée des troupes romaines.

Ces aborigènes vivaient en autarcie, pratiquant l'élevage (Majo, Benhaorita) ou l'agriculture (Canarii), parfois les deux (Guanches, Gomero, Bimbache), avec des instruments rudimentaires. Tantôt organisés autour d'un roi (Tenerife comptait 9 royaumes), tantôt suivant des structures tribales (La Palma, El Hierro), ils habitaient dans des grottes formées par la lave, se vêtaient de peaux de chèvre, se nourrissaient de *gofio* et de fromage de chèvre ou de brebis. Ne connaissant pas le métal, ils ont surtout développé une **poterie** fruste dont on a retrouvé de nombreux fragments.

Seule leur façon d'inhumer les morts, souvent **momifiés** et enveloppés de peaux de chèvre cousues, témoigne d'une certaine élaboration. L'analyse des artefacts retrouvés dans les grottes funéraires suggère que ces peuples pratiquaient le **culte des ancêtres** et vénéraient peut-être un Être suprême, plus certainement les astres (dont le Soleil), prêtant une attention particulière aux éléments du cycle agraire. De la sève du dragonnier, ils tiraient divers remèdes. Les archéologues ont identifié parmi les **pétroglyphes** retrouvés autour de Garafía *(La Zarza, Cueva de Belmaco)* des signes proches de l'alphabet libyque, ou paléoberbère. Ces pétroglyphes montrent des formes géométriques rudimentaires, cercles, méandres ou spirales que l'on s'efforce toujours d'interpréter.

Art et architecture

La ville de La Laguna, capitale historique de Tenerife, a donné à la fin du 15e s. le coup d'envoi d'un **schéma urbain** typiquement Renaissance qui va se répandre sur toutes les terres soumises à la Couronne espagnole. Pour autant que le permet le relief, les rues des villes coloniales, tracées au cordeau, se déploient autour d'une place centrale arborée de majestueux lauriers d'Inde, où se font face le pouvoir spirituel et le temporel – la cathédrale et l'Hôtel de ville *(Ayuntamiento)* ou le conseil municipal *(Casa Consistorial)*.

Fastes urbains

Dans le premier cercle d'habitations, les demeures nobles et bourgeoises, bâties en pierre de taille *(cantería)* travaillée ou non, rivalisent de luxe et de marques ostentatoires de prospérité. La vie domestique s'organise en cercles concentriques autour d'un puits central, d'un **patio** et de sa galerie à colonnes, que surmontent sur deux ou trois étages des balustrades de bois : autant d'éléments récurrents dans l'architecture canarienne, au-delà des apports étrangers, portugais, andalous ou galiciens pour les plus fréquents. Des **balcons ouvragés**, parfois couverts d'un petit auvent de tuile rouge ou fermé d'une fenêtre à jalousie, sur le modèle des moucharabiehs mudéjars, courent au long des façades, côté rue ou côté patio. La Orotava se targue de posséder les plus imposants, mais vous en trouverez de superbes dans toutes les villes coloniales, en particulier à Santa Cruz de La Palma.

Silhouettes de campagne

Bien plus discrètes, les **habitations paysannes** se fondent dans le paysage, ocre rouge à Fuerteventura, noires à La Gomera ou à La Palma : on construit avec la pierre trouvée sur place des demeures modestes aux ouvertures minuscules. De plan carré, sans grande fantaisie, aveugles au nord-est pour se protéger des alizés, les maisons n'ont guère évolué au fil des siècles. Les traces de l'habitat rustique sont toutefois éparses : un bâti plus rudimentaire, l'emploi de matériaux périssables (charpentes voire murs de bois, toits de paille, mortier d'argile) ne lui ont souvent pas permis de résister au temps. Vestiges plus visibles de la présence paysanne, les **moulins à gofio** *(voir « Gastronomie », p. 136)* découpent sur l'horizon les squelettes de leurs ailes; généralisés au 18e s., ils étaient mus par l'eau sur les îles du Sud-Ouest, riches en torrents et rivières, ou par le vent à Lanzarote et Fuerteventura. Sur ces deux dernières îles subsistent aussi les archaïques **éoliennes** destinées à remonter l'eau des nappes phréatiques pour irriguer les champs. Ils côtoient, notamment à Fuerteventura, les structures coniques des anciens **fours à chaux** qui jouèrent un rôle prépondérant dans la construction jusqu'à l'apparition du ciment.

Moulin à vent, Fuerteventura.
S. Pearce/age fotostock

Souvent très simples, chapelles, **églises** et ermitages de campagne apparaissent tout de blanc chaulés sous leurs toits de tuiles; de massifs blocs de pierre volcanique renforcent et soulignent de noir leurs angles et les encadrements du portail ou des fenêtres. Ces airs modestes dissimulent pourtant des trésors où se revisite l'histoire insulaire : plafonds *artesonados*, très ouvragés, dont les caissons *(artesón)* reprennent la technique et l'ornementation mudéjares; voûtes gothiques nervurées *(« Catedral de Santa Ana », à Vegueta)* et retables baroques dorés à la feuille; Christ en pâte de maïs *(« Telde », p. 43)* ou ornements d'autels en argent repoussé provenant du Mexique *(« Nuestra Señora de las Nieves », p. 60)*; statues et tableaux flamands du 16e s. qui rappellent l'âge d'or du trafic commercial entre Anvers, Bruges ou Bruxelles et Tenerife, La Palma *(« Puerto de las Nieves », p. 42)* ou Gran Canaria, quand on échangeait le sucre de canne contre des œuvres d'art.

Histoire de styles

L'évolution architecturale suit aux Canaries celle du continent : style **mudéjar** (arabo-andalou) importé de la péninsule en même temps que les lignes romano-gothiques (16e s.), volutes **baroques** des bâtiments civils et religieux au 17e s., stricte réaction **néoclassique** au siècle suivant. Au 19e s. et au début du 20e s., les villes les plus prospères adoptent les derniers styles en vogue en Europe : **éclectisme**, Art déco et modernisme fleurissent sur les façades de Santa Cruz de Tenerife et de Triana *(Las Palmas de Gran Canaria)*, ainsi qu'à Santa Cruz de La Palma.

Après la période du fonctionnalisme au lendemain de la Seconde Guerre mondiale (Miguel Martín Fernández de la Torre à Gran Canaria), Tenerife renoue avec une architecture de haute volée. L'auditorium (2003) dessiné par l'Espagnol **Santiago Calatrava** en fournit l'exemple le plus magistral. Déjà auteur de belles réalisations à Santa Cruz *(Plaza de España, TEA)*, le cabinet d'architecture suisse **Herzog et de Meuron** a été chargé de remodeler le quartier du port (2012); les œuvres de Joan Miró, Igor Mitoraj, Martín Chirino, Henry Moore, Claude Viseux et de nombre d'autres sculpteurs contemporains de tous pays parsèment les rues de la capitale tinerfeña.

Ses voisines ne sont pas en reste : **Gran Canaria** célèbre l'art contemporain au CAAM; 150 sculptures primées dans les symposium internationaux de Puerto del Rosario s'affichent sur les ronds-points de **Fuerteventura**; à **La Palma**, l'art descend dans les rues de Los Llanos de Aridane à l'initiative du CEMFAC. Mais c'est à **Lanzarote** qu'il se montre le plus présent grâce à l'action de **César Manrique**, fondateur du MIAC (Arrecife) et chantre inlassable de l'intégration-fusion entre nature et art, au service de laquelle il a mis ses talents de paysagiste, d'urbaniste, de sculpteur et de peintre.

Artisanats

Longtemps isolées du monde, loin des routes marchandes où transitaient les cargaisons de biens manufacturés, c'est par nécessité que les Canaries ont maintenu une tradition artisanale dans tous les domaines du quotidien. Le *revival* des produits et des façons d'antan rend aujourd'hui ces créations plus populaires auprès des touristes que des Canariens mais c'est un fait : l'héritage demeure, et les *cabildos* (autorités insulaires), soucieuses de sa pérennité, organisent des *ferías de artesanía (voir « Agenda culturel », p. 115)* et créent des labels de qualité. Sur l'île de La Gomera, on continue à façonner à la main, sans tour, une **poterie** à vocation utilitaire (pots à eau, plats de cuisson ronds ou ovales, braseros) ou décorative qui puise dans le savoir-faire des tribus préhispaniques. De technique ancestrale également, présent sur toutes les îles, le tressage de la **vannerie**, à base de palmes, joncs ou paille, dont on fait des paniers, des corbeilles ou des *sombreros*. La **coutellerie**, fondamentale dans les cultures agropastorales, produit des *naife* au manche de corne incrusté de nacre, d'os et de métaux.

Si les cotonnades, toiles de lin et lainages, en forte expansion au 17e s., tombent en désuétude, La Palma a maintenu vivace le filage et le tissage de la **soie naturelle**, qui remontent aux lendemains de la Conquête *(« El Paso », p. 59)*. Les mains expertes des femmes confectionnent des **broderies ajourées** et des travaux de **crochet** (linge de maison et de table, ornements des vêtements traditionnels) dans la plupart des îles, avec une mention spéciale pour Fuerteventura, La Palma et Gran Canaria ainsi que pour la **rosette** de Vilaflor (Tenerife).

Le coup de ciseau des maîtres **menuisiers et ébénistes**, lui, sera pour le plaisir des yeux : le travail du bois s'expose dans toute sa splendeur sur les balcons ouvragés parant les demeures coloniales, notamment à Tenerife (La Laguna, La Orotava, Garachico), La Palma (Santa Cruz) et Gran Canaria (Vegueta), et les charpentes d'églises. La fabrication de fenêtres et de mobilier (dont de jolis coffrets ciselés) perpétue leur savoir-faire. L'élaboration des instruments de musique folklorique, à commencer par le *timple*, petite guitare à cinq cordes, reste aux mains de quelques luthiers.

Ces dernières années s'est développé un **artisanat d'art** : création de bijoux de lave, céramiques ornementales vernissées revisitant les motifs guanches pour les marier aux lignes les plus contemporaines.

Au rang des *típicos canarios* à mettre dans votre panier, n'oubliez pas les mille et un délices de la **gastronomie** : condiments, miels et alcools prolongeront dans votre cuisine les saveurs de votre week-end canarien (*voir « Gastronomie », p. 136*).
voir aussi « Shopping », p. 82.

Du folklore à la fête

Des siècles de métissage ont fait de l'archipel un creuset ethnico-culturel où l'âme canarienne s'est peu à peu diluée. Les manifestations d'un véritable folklore insulaire sont très récentes : dynamisé par les mouvements d'opposition au franquisme, le folklore apparaissait comme l'expression d'un sentiment d'appartenance, l'affirmation d'une identité et d'une cohésion sociale conçues comme la meilleure résistance contre la dictature. À la faveur de ce regain nationaliste furent remises au goût du jour des **pratiques guanches** comme le **palo canario**, mi-sport, mi-art de combat au bâton, mis en scène dans des démonstrations d'adresse des jeunes hommes à marier ; ou encore la **lucha canaria**, mettant aux prises deux adversaires pris dans des équipes de 12 lutteurs pour de très brefs *rounds* (une minute et demie).

Carnaval

Interdit sous le franquisme, le Carnaval est revenu plus haut en couleurs que jamais depuis 1976, déclinant chaque année une thématique différente. C'est, dans les sept îles, le moment le plus attendu de l'année. Durant deux semaines, entre l'Épiphanie et le carême *(fév.-mars, dates variables)*, les conventions sociales sont chahutées, les hiérarchies bousculées, les rôles inversés, masques et déguisement autorisent toutes les confusions. Les *murgas* se gaussent des hommes politiques, on chante, on danse, on se délecte de *sopa de miel* et de *pan de leche* confectionnés pour l'occasion. Après l'élection de la reine du Carnaval et la Grande Cavalcade, les festivités s'achèvent sur l'enterrement de la Sardine, le mercredi des Cendres, et sur le grand bal des *piñatas*.

Romerías

Le terme, qui désignait à l'origine les pèlerinages à Rome, regroupe aujourd'hui les innombrables fêtes patronales des Canaries : chaque ville, chaque village a la sienne, célébrée dans la ferveur par des processions et des messes, des défilés déguisés ou en costume traditionnel, parfois accompagnés de musique folklorique ; pour l'occasion, les rues sont ornées de fleurs et de fruits en offrande au saint patron et l'on se rassemble pour déguster les mets les plus typiques de la région, une façon de rappeler son attachement à la terre canarienne. Parmi les *romerías* mariales plus importantes, citons la Bajada de la Virgen de las Nieves, tous les 5 ans *(La Palma, juil. 2015)*, celle de la Virgen de los Reyes tous les 4 ans *(El Hierro, 2017)*, la romería del Socorro à Güímar *(Tenerife, sept.)*, la plus ancienne de l'archipel, où l'on accompagne la Vierge à la plage, celle de la Virgen del Pino *(Teror, Gran Canaria, sept.)* ou encore celle de la Virgen de Candelaria, patronne des Canaries *(Tenerife, août)*.

Le carnaval dans les rues de Santa Cruz de La Palma.
K. Kozlowski/age fotostock

A
DIAZ

Gastronomie

Îlienne et métisse, la cuisine canarienne alterne saveurs de la mer et de la terre, marie influences du Nouveau Monde (Antilles, Venezuela) et apports de la péninsule Ibérique.
Plat traditionnel du Vendredi saint, le *sancocho* rassemble l'essentiel des ingrédients canariens : un poisson bouilli au sel accompagné de *papas arrugadas* et de *mojo*.
Quelques **denrées** phares sont de tous les menus : cabri et agneau, élevés ici depuis des siècles, mais aussi lapin sont cuisinés en ragoût ou aux amandes ; poissons, fruits de mer et crustacés dont les eaux regorgent – les courants froids longeant l'archipel, en favorisant le plancton, les rendent particulièrement poissonneuses.
Et, connu depuis les Guanches, presque un symbole des Canaries, le **gofio**, bouillie à base d'orge, de blé, de seigle ou de maïs pilé en farine et grillé ; cet aliment de base, riche en vitamines et en protéines, se consomme à présent en potage ou, substitut des céréales, avec des bananes au petit-déjeuner.

Brassage d'influences

Au fil des siècles, du passage des navigateurs et du retour des émigrants, les cultures traditionnelles se sont enrichies d'**espèces d'origine américaine** : tomate, maïs et pomme de terre, puis banane (introduite par les Anglais) dont les serres couvrent les côtes à perte de vue.
Le climat de l'archipel explique que l'on trouve sur les tables des **fruits tropicaux** (mangue, avocat, papaye, goyave), acclimatés à La Gomera et à La Palma.
Accompagnant tous les plats, les *papas arrugadas* (littéralement « ridées ») sont de minuscules pommes de terre bouillies avec la peau dans de l'eau saturée de sel afin que celui-ci forme une croûte autour du tubercule après évaporation de l'eau. Venu du Vieux Continent, le **savoir-faire espagnol** en matière d'*embutidos* (cochonailles) s'est enrichi d'apports locaux pour donner le chorizo de Teror (agrémenté de vin, de noisettes et de paprika qui lui confère sa teinte orangée) ou les *morcillas* (boudins) *dulces* noirs ou blancs farcis aux amandes, aux raisins secs ou à la patate douce – d'où leur saveur sucrée. Du porc, les Canariens ont tiré une recette populaire servie en tapas ou en bocadillos dans les *tascas*, la *pata de cerdo asada*, un jambon de porc mariné dans des condiments, puis rôti et coupé en lamelles.

Secrets du terroir

Toutes les îles fabriquent d'excellents fromages de chèvre, fumés *(ahumado)* ou non, plus ou moins salés et affinés *(curado)*, issus d'une tradition pastorale ancestrale.
Condiments que l'on retrouve sur toutes les tables, les *mojos*, rouges ou verts selon le poivron utilisé et l'ajout de *pimentón* (paprika) ou de coriandre, résultent d'une longue

Puros de La Palma

Les cigares (puros) de La Palma, élaborés artisanalement, jouissent d'un prestige mérité auprès des connaisseurs. La culture du tabac, introduite à La Palma à la fin du 18e s. par les Indianos, ces émigrants revenus de Cuba, s'est développée dans le centre de l'île (provinces des Breñas, de Santa Cruz et de Los Llanos de Aridane). C'est aussi de La Havane que viennent le savoir-faire et le vocabulaire des planteurs et des confectionneurs de puros, tout comme les caractéristiques (taille et forme) de ces derniers. Si les tabacaleras de La Palma ont traversé les siècles, les puros qui y sont fabriqués de nos jours mélangent les tabacs du monde entier, sélectionnés selon leur finalité, cape, sous-cape ou tripe (le cœur) pour y être assemblés dans la meilleure tradition. Vous distinguerez cependant les cigares « totalmente a mano » de ceux « hecho a mano », dont la tripe, utilisant une feuille de tabac plus courte, a été confectionnée par une machine.

préparation faisant entrer dans sa composition ail, poivre, cumin, safran et une pincée d'ingrédients secrets – chaque cuisinière a sa recette – qui leur confèrent leur saveur unique. Aditionnés de cubes de fromage de chèvre *curado*, de piment et d'huile d'olive, ils donnent l'*almogrote*, dont le plus connu est celui de La Gomera et qui accompagne plats de pâtes et de viande.
Du *guarapo*, sève du palmier canarien, on tire à La Gomera un **miel de palme** entrant dans la composition de maints desserts, tout comme le sucre de canne. Le **bienmesabe** (coulis) nappe les pâtisseries et les **truchas**, des beignets aux amandes et à la patate douce.

Vins et liqueurs

Apparue avec les premiers colons, la vigne se propage sur toutes les îles, où elle trouve des conditions de sol et de climat favorables. Produit d'abord pour la consommation locale, le vin canarien alimente, dès le 17e s., un fructueux commerce d'exportation vers l'Angleterre et l'Amérique.
Épargné par la terrible épidémie de phylloxera qui frappe l'Europe au 19e s., le vignoble prospère et acquiert ses lettres de noblesse avec le Malvoisie, que les Anglais baptisent « Canary ».
Secs ou doux, souvent fruités, les vins rouges *(tintos)*, blancs *(blancos)* et rosés *(rosados)* bénéficient d'une Denominación de Origen (AOC) à Gran Canaria, La Palma, Lanzarote, Valle de Güímar et La Orotava, entre autres. Les cépages les plus fréquents sont la *malvasía*, donnant des blancs secs et fruités, le *torrontés*, une variété argentine s'apparentant au moscatel, et le *negramoll*, un raisin noir local. Quelques noms de bons crus à retenir : Humboldt (Tacoronte-Acentejo, TN), Mozaga Moscatel et La Geria (LZ), Teneguía Malvasía (LP).
On clôt les agapes avec un **rhum vieux** d'Arehucas (Gran Canaria), ou une **liqueur** de La Palma, à base de banane, de goyave, de nèfle ou d'orange.
Voir notre sélection de bonnes tables dans « Se restaurer », p. 72.

Nous précisons entre parenthèses l'île où se trouve la ville/le monument cité.
Tenerife (TN)
Gran Canaria (GC)
Lanzarote (LZ)
Fuerteventura (FV)
La Palma (LP)
La Gomera (G)
El Hierro (H)

A

Aborigènes 129
Adeje (TN) 31
Agaete (GC) 42
Agenda culturel 114
Alizés 120
Almogrote 137
Architecture 130
Argent 102
Arrecife (LZ) 44
Art 130
Artenara (GC) 39
Artisanat 82, 83, 86, 87, 133
Arucas (GC) 40
Avion 102, 105

B

Balcons 130
Banques 104
Bar 80
Barlovento (LP) 60
Barranco del Valle Gran Rey (G) 67
Beauté 84
Betancuria (FV) 54
Bijoux 86
Breña Alta (LP) 59

C

Caldera 127
Caldera de Taburiente (LP) 58
Carnaval 134
Casas rurales 103
Cenobio de Valerón (GC) 40
Charco Azul (LP) 60
Chipude (G) 67
Cigares 87, 137
Climat 102
Consulats 104
Corralejo, Dunas de (FV) 54
Corralejo (FV) 54
Cruz de Tejeda (GC) 39
Cuatro Puertas (GC) 43
Cueva de Belmaco 62
Cueva de los Verdes (LZ) 50
Cueva del Viento (TN) 28
Cuevas de las Cruces (GC) 42
Cuir 87

D

Décalage horaire 104
Décoration 82
Dragonnier 30

E

Eau 104
Économie 120
El Cotillo (FV) 54
Électricité 104
El Golfo (H) 68
El Golfo (LZ) 47
El Hierro 68
El Julan,
Centro de Interpretación (H) 69
El Médano (TN) 31
El Palmar, Vallée de (TN) 30
El Paso (LP) 59
El Pinar (H) 69
Émigration 122

F

Fajana (LP) 60
Faro de Jandía (FV) 55
Fayal-brezal 128
Ferry 102, 106
Festivals et ferias 114
Fêtes 134

Fêtes religieuses 114
Firgas (GC) 40
Flore 128
Folklore 134
Formalités d'entrée 102
Frontera (H) 69
Fuencaliente (LP) 62
Fuerteventura 52
Fundación César Manrique (LZ) 48

G

Galdár (GC) 40
Garachico (TN) 30
Garajonay, Parque Nacional de (G) . . 66
Gastronomie 87, 136
Géographie 120
Géologie 122, 126
Gofio 136
Graciosa, La (LZ) 51
Gran Canaria 32
Guanches 129
Guía de Isora (TN) 23
Güímar (TN) 31

H

Handicapés 104
Hébergement 94, 104
Histoire 118
Horaires 105
Hôtel 94

I

Icod de los Vinos (TN) 28
Internet, connexion 105
Internet, sites 103
Isla de Los Lobos (FV) 54

J

Jameos del Agua (LZ) 50
Jardín Canario (GC) 38
Jardín de Cactus (LZ) 50
Jours fériés 105

K

Kitesurf 92

L

La Cumbrecita (LP) 58
La Dehesa (H) 69
La Esperanza (TN) 23
La Geria (LZ) 47
La Gomera 64
La Laguna (TN) 20
Langue 105
Lanzarote 44
La Oliva (FV) 54
La Orotava (TN) 23, 27
La Palma 56
Lapilli 127
Las Cañadas (TN) 24
Las Manchas (LP) 63
Las Palmas de Gran Canaria (GC) . . . 32
Laurisylve 128
Liaisons inter-îles 105
Librairie 83, 84
Location de véhicule 107
Loisirs 90, 107
Los Canarios (LP) 62
Los Cristianos (TN) 31
Los Llanos de Aridane (LP) 59
Los Tiles (LP) 60
Los Tilos de Moya (GC) 40
Lucha canaria 134

M

Macaronésie 126
Magasins 83, 84
Malpaís 127
Malvoisie 137
Manrique, César 47, 123
Marchés 83, 86, 87
Maspalomas (GC) 42
Miel 83
Mirador de Bandama (GC) 38
Mirador de Humboldt (TN) 27
Mirador de la Centinela (TN) 31

Mirador del Río (LZ)............... 51
Mirador El Time (LP) 63
Mojo 136
Monte de Las Mercedes (TN)....... 24
Morro Jable (FV).................. 55
Moto, location de 107
Moulins........................ 130
Mudéjar 132

N

Nature et plein-air............... 108
Neck.......................... 127
Nuestra Señora de las Nieves (LP) .. 60

O

Offices de tourisme 103, 108
Orzola (LZ)..................... 51

P

Pájara (FV)...................... 55
Palo canario 134
Parachutisme..................... 92
Parapente 92
Parcs à thème 107
Parque Cultural La Zarza (LP) 62
Parque Nacional de Garajonay (G) .. 66
Península de Jandía (FV) 55
Pétroglyphes 129
Pico del Inglés (TN) 26
Pico del Teide (TN)............... 24
Picón 127
Pinar de Tamadaba (GC)........... 39
Plages 107
Playa Blanca (LZ) 51
Playa de Las Américas (TN)........ 31
Playa de Santiago (G) 67
Plongée 93
Poste 109
Pourboire 109
Pozo de las Nieves (GC) 39
Presse......................... 109
Puerto Calero (LZ) 51
Puerto de la Cruz (TN)............. 26
Puerto de las Nieves (GC).......... 42
Puerto del Carmen (LZ)............ 51
Puerto del Rosario (FV)............ 52
Puerto de Mogán (GC)............. 42
Puerto de Tazacorte (LP) 63
Puerto Naos (LP)................. 63
Punta del Papagayo (LZ) 51
Punta de Orchilla (H) 69
Puntagorda (LP) 62
Punta Restinga (H)................ 69
Puro 137

R

Randonnée 93
Restauration................. 72, 109
Romería....................... 134
Roque de La Bonanza (H).......... 69
Roque de Los Muchachos (LP) 58

S

Sabinosa (H)..................... 69
Saisons et climat 102
Salinas del Carmen (FV) 55
San Antonio, Volcan de (LP) 63
San Bartolomé de Tirajana (GC) 42
San Pedro (LP)................... 59
San Sebastián de La Gomera (G) ... 64
Santa Cruz de la Palma (LP)........ 56
Santa Cruz de Tenerife (TN)........ 16
Santa Lucía (GC) 43
Sécurité 110
Shopping........................ 82
Soie............................ 87
Sorties en mer 93
Spectacles....................... 88
Spéléologie...................... 93
Spiritueux 84
Sport 90
Stationnement 107
Surf............................ 92

T

Tabac 110
Tagoror (H). 69
Tamaduste (H). 69
Tascas 110
Taxis. 111
Tazacorte (LP). 63
Teide, Parque Nacional (TN) 22
Telde (GC). 43
Téléphone. 111
Teneguía, Volcan de (LP) 63
Tenerife 16
Teror (GC). 38
Textiles. 84
Timanfaya, Parc de (LZ) 46, 126
Tindaya, Montaña de (FV) 52
Tiñor (H) 68
Tiscamanita (FV). 55
Toilettes. 112
Transports en commun 111
Triana (GC) 32
Tube volcanique 127

V - W

Valle de Guerra (TN) 24
Valle de Hermigua (G) 67
Vallehermoso (G) 67
Valverde (H). 68
Vegueta (GC) 32
Vie nocturne. 108
Vilaflor (TN) 23
Vin. 83, 86, 137
Visites. 112
Voiture, location de 107
Volcanisme 126
VTT. 92, 93
Windsurf 92

Collection Le Guide Vert sous la responsabilité de Philippe Orain

Édition	Natacha Brumard, Marie Perchat
Rédaction	Marie Perchat, Béatrice Brillion, Matilde Miñon
Cartographie	Thierry Lemasson, Géraldine Deplante, Denis Rasse, Isabelle Delouvy
Relecture	Stéphanie Quillon
Remerciements	Didier Broussard, Pascal Tisserand, Marie Simonet
Conception graphique	Laurent Muller (couverture et maquette intérieure)
Régie publicitaire et partenariats	business-solutions@tp.michelin.com *Le contenu des pages de publicité insérées dans ce guide n'engage que la responsabilité des annonceurs.*
QR Codes	QR Code est une marque déposée de Denso Wave Incorporated.
Contacts	Michelin Guides Touristiques 27 cours de l'Île Seguin, 92105 Boulogne Billancourt cedex Service consommateurs : tourisme@tp.michelin.com Boutique en ligne : www.michelin-boutique.com www.voyage.michelin.fr

Parution 2015

Écrivez-nous

Crédits photographiques p. 4-5
(de gauche à droite et de haut en bas)

W. G. Allgoewer/Blickwinkel/age fotostock
J. C. Muñoz/age fotostock
M. Abreu/John Warburton-Lee/Photononstop
M. Bilbao/age fotostock
May Foto/age fotostock
R. Soberka/hemis.fr
J. C. Muñoz/age fotostock
M. & M. Valledor/age fotostock
E. Grund/age fotostock

Michelin Travel Partner
Société par actions simplifiées au capital de 11 288 880 EUR
27 Cours de l'Ile Seguin - 92100 Boulogne Billancourt (France)
R.C.S. Nanterre 433 677 721

Dépôt légal : 11-2014 – ISSN 0293-9436
Compograveur : Michelin Travel Partner, Boulogne Billancourt
Imprimeur : GEERS, Belgique
Imprimé en Belgique : 11-2014

Usine certifiée 14001
Sur du papier issu de forêts gérées durablement (100 % PEFC)